シリーズ ケアをひらく

見えないものと見えるもの

社交とアシストの障害学

石川 准

医学書院

見えないものと見えるもの——社交とアシストの障害学　目次

表紙・章扉図版＝松田行正『lines：線の事件簿』（牛若丸、一九九五年）より。

第1章 天然いい人、人工いい人

1 社会学者にしてプログラマである理由

心のこもったお世辞

石川さんは、じつは共依存なんじゃないですか、とこの本の編集者である白石正明さんに指摘された。朝日カルチャーセンターで「障害学はおもしろい」と題して話をした日のことだ。台風が近づきつつある怪しい雲行きの土曜日、住友三角ビルの一階の喫茶店で、講義の前に、二時間ほどこの本の企画について白石さんと意見交換するうちに、そういう成りゆきになった。

しかし、共依存というのは、素朴にいえば他人のために自分の力を使うことのできる人、「いい人」がはまってしまうモードである。ところが私ときたら「いい人」などやってられないほど能力にすがる存在証明に忙しい人間なのであり、したがって自分は共依存などとはおよそ縁のない人間であるはずだから、そう言われたときは意外だった。だが、共依存が「いい人」でなくてもはまってしまうモードだとすれば、話は別だ。あるいは「いい人」にもさまざまな変種がいるのだとしても話は違ってくる。私にも可能性がないわけではない。

さっそく「いい人」を分解してみる。すると「いい人」は二つになった。「天然いい人」と「人工いい人」だ。「天然いい人」は、自分が他者に対していいことをしていると信じて行動する人である。つまり自分の善良さを疑わない人といってもよい。一方「人工いい人」は、他者が自分をいい人だと評価してくれることを求め、他者の評価を確認しながら行動する人である。つまり人に好かれたいと思って努力する人、いい人と思われることをなにより優先して行動する人である。

「天然いい人」と「人工いい人」のどちらの人の振る舞いが、他者から好まれるかはわからない。現実の世の中では、勘違いしているいい人(でも確かにいい人)とか、独り善がりのいい人(はた迷惑な人)、気を遣っているいい人(でも本当は意地が悪そうな人)、など「天然いい人」と「人工いい人」への人の評価は微妙だ。というより、そもそも私の急ごしらえの対概念は、現実のさまざまな「いい人」を分類して記述するにはあまりにも単純だということだ。だが、とっかかりとしてはまんざらでもない。

私はけっして「天然いい人」ではない。これだけは自信がある。では「人工いい人」の可能性はあるか。こちらもありそうにない。むしろ「人工悪い人」のクチだ。なぜって、私はなによりも「有能な人」という評価を得たい人であり、だから「仕事はできるが性格は悪い」という評価を得ようとするし、人の誤りや矛盾を好んで指摘しては「イヤなやつ」という評価を得てしまう人だからである。

手の込んだお世辞を言ってくれる人とつきあうのは楽しい。お世辞にも心のこもったお世辞とおざなりなお世辞がある。心のこもったお世辞を言ってくれる他者こそ理想的なサポーターなのかもしれない。

……と、たったこれだけ書いて白石さんにメールした。ふと時計を確認すると午前五時。

いったい私の気持ちは、「たいへん長らくお待たせしました、でも、これこの通り、私はほんとうに書きはじめました、だから安心してくださいね」とそば屋の出前以下の、気休めにさえならないものを書いて、編集者に喜んでもらうことを望んでいるのか、それともたった二四〇〇バイトのテキストファイルを生産しただけで、もうねぎらってほしいのか、と自問する。

成分分析すれば、後者の成分が濃厚なのはまちがいない。でも、もう一つの成分だってそれなりにはある。なぜかというと、気に入ってくれている人の期待にはこたえたいし、気に入っている人には気に入ってもらいたいからだ。それに、他者、とくに同性からは気に入られることの少ない私は、いくらかでも気に入られるというのは新鮮な体験なのだ。

昼ごろ返信メールがとどく。「今日はとんでもなく暑くて、通勤電車に乗るのがいやで、在宅勤務している」とのこと。ようするにサボっているわけだが、やはりちゃんとお世辞を書いてくれる。

> 文章拝読。いいタッチですね。目次もＯＫ。おもしろそう!
> お世辞は「とにかくあなたのことを尊重したい」というメッセージです。その気持ちの前では、その言葉が本当かウソかなんて取るに足らないことです。ちなみにお世辞を言うほうだって「他人を尊重している自分」が好きなんです(だから私も嫌いな人とはつきあわない)。
> 私が看護婦さんを好きなのは、たんに世話をしている自分が好きだったり、見栄っ張りだったり、論理的不整合が気にならない人たちだったりするけれど、他人を尊重する気持ちをとても豊かにもっていると思うからです。

ちなみに、私は、先の条件のほとんどに該当しない。世話は嫌いだし、論理的不整合はまったく耐えられない。論理的に語るのがむずかしいテーマには手を出さない。人が論理的誤りに気づかず、饒舌にしゃべっているのを聞くと、具合が悪くなる。それに「尊重する他人」もセンスの合う人だけに限定している。唯一当てはまるのは見栄っ張りということぐらいのものだ。若干疑問は残るが、看護婦好きという趣味とは別の趣味もあるのだろうと考えることにして、先に進もう。以下しばらく、私は共依存だ、という、自分に都合のよい、だからちょっと楽しい、ナラティブを展開する。

昼の仕事と夜の仕事

私には二つの本業がある。社会学者とソフトウェア・プログラマである。だが、いつからそうなのかをいうのはむずかしい。

弁護士や医師や公認会計士ならば、国家試験があり、それに合格して初めて弁護士や医師や公認会計士を名乗ることができる。ところが社会学者もプログラマも別に国家がオーソライズしているわけではないから、名乗りたい人が名乗ればよいようなものである。重要なことは、それを他の社会学者やプログラマたちが認めてくれるかどうかである。いわば「相互的承認」という方法がここでは用いられていることになる。

具体的には、社会学者であるかどうかについては、学会所属がおよその目安になるかもしれない。私は日本社会学会をはじめ、いくつかの社会学系の学会に所属している。多くの学会では、学会への入会には、当該学会員の推薦を必要とする。それによって当該学会がカバーする研究領域の研究者以外の人の参加に対してゆるいフィルタリングをかけている。いまどきは大学院のマスターの学生でも学会に所属しているが、学者と学者の卵の線引きをしないのであれば、これがおよその目安となる。

一方プログラマは、もっと実力主義の世界である。プログラマの実力は、その人が作ったソフトウェアの評価のみに依存する。所属も資格もアカデミックキャリアも関係ない。良いソフトウェアを作り、良いプログラマと認められた人が、良いプログラマなのだ。

私は社会学者が通るアカデミックキャリアを進んできた。私がまがりなりにも社会学者として認知されたのは、『アイデンティティ・ゲーム』という本を出版した一九九二年あたりからかもしれない。

一方ソフトウェア・プログラマとしてのキャリアは、アカデミックにはまったくない。しかし世のプログラマにはそういう人は珍しくはない。私が最初に開発し商品となったソフトウェアはEXTRAという名前の自動点訳プログラムである。これがリリースされたのは一九九一年だから、社会学者としての経歴もプログラマとしての経歴も、それほど違わない。

以来いまにいたるまで昼は社会学者、夜はプログラマという二重生活を送っている。

なぜまったく異なる二つの仕事をしているかの因果の起点は高校時代までさかのぼる。高校三年生の一学期まで私は、数学が好きかつ得意で、国語が嫌いかつ苦手な典型的理系少年だった。高校一年生のときに目の病気で長期入院し、けっきょく全盲となった私は、同級生より二年遅れて、東京教育大学附属盲学校の三年生になっていた。一九五六年生まれの私は二〇歳になろうとしていた。

私は東京大学をめざして勉強していた。しかし、当時東京大学は理系の点字受験を認めていなかった。盲学校のほうから打診したが、むずかしいという感触だった。あくまで理系という進路は変えずに、交渉を続け、もし点字受験が認められなければ他大学の数学科を受験するか、それとも点字受験の実績のある文系に変わるかで私は迷うことになった。

私はすでに存在証明にとらわれはじめていた。「全盲の東大合格第一号」になりたいという夢を抱く少年になっていた。この夢は家族も、盲学校の先生たちも、下宿をさせてもらっていた家のみなさんも共有する夢だった。

けっきょく私は後者をめざすことになり、翌年、全盲東大生となった。大半が文学部へ進学する文科三類というコースに籍を置いた。入学するやいなや強烈なカルチャーショックを受けた。同級生たちは、みないっぱしの文学者、哲学者、社会思想家に思えた。それまでに蓄積している教養がまるで違ったのだ。

プロの研究者への道は果てしなく遠いように思えた。本が自由に読めないというのはほとんど致命的なことだからだ。当時はまだパソコンもなければ、インターネットもない時代だった。将来自由に読み書きできる時代が来るとは想像できなかった。読むにしても書くにしても、つねにボランティアの助力が必要だった。一冊の本が録音されてもどってくるのに、最低でも二か月は待たなければならない。点訳ともなると、場合によっては半年先になることもざらだった。授業についていくだけでも大変だった。とりわけ第二、第三外国語として選択したドイツ語とフランス語では、点字の辞書がなくて大いに困った。

私は迷いに迷ったあげく、文学部社会学科に進学した。見田宗介さんの本が好きだったからだ。といっても、私が触れていた唯一の社会思想が見田宗介のそれだった。告白すると、私は廣松渉さえ読んでいない。本は買ったし、読もうとしたが、テープレコーダーが回りだすと私はすぐに睡魔に襲われてしまい、どうしても読めなかった。多くの学術書は同じ速度で順番どおりに、つまり行きつ戻りつせずに聞いていって理解できるようには書かれていないのである。

本は読みたいときに読みたいもの

当時の読書は、いまの私のそれとは隔世の感がある。

グーテンベルグの出版革命以来、視覚に障害のある人は「情報ディバイド」、つまり「情報疎外」を経験してきた。しかし、一九世紀になってフランス人のルイ・ブライユが点字を発明し、さらに二〇世紀の録音技術の登場により状況はかなり好転した。

現在、点訳図書と録音図書は、点字図書館、公共図書館、ボランティアにより制作されている。毎年、数千タイトルの録音図書、点字図書が作られている。にもかかわらず、毎年出版される本はそれをはるかに凌駕している。ジャンルにもよるが、読もうとする本がどこかの点字図書館や公共図書館の録音図書、点字図書ライブラリーに見つかることは多くない。とりわけ学術書となるとその可能性は非常に低いといわざるをえない。

そこでボランティアなどに個人的に録音や点訳を頼むことになるが、どうしても完成までに数か月はかかってしまう。このタイムラグは必然的なものだが、仕事で本を読まなければならない人々には致命的だ。

視覚に障害のある人は、出版された本や雑誌や新聞をタイムラグなしに自由に読みたいという夢を抱いてきた。一九七〇年代には大学生たちが「読書権」を主張するようになる。やがて東京都立中央図書館をはじめ多くの公共図書館で、ボランティアの協力を得て対面朗読がはじまった。誰でも公共図書館にさえ行けば「本が読める」という夢の実現であった。

ところが、現実には対面朗読サービスを頻繁に利用するのは、学生と熱心な読書家にほぼ限られている。わざわざ図書館へ出かけなければならないことと、生朗読では、朗読者の読みのスピードより速く本が読めない(テープレコーダーで録音図書を読むときは再生速度を一五〇%ぐらいにするのが普通)のも予想外の不人気の理由だ。やはり人は、読みたい本を、読みたいときに、読みたい場所で読みたいものなのだ。

私のハイテク読書法

最近の私の読書法を紹介する。

本を購入したら、電動裁断機で本を裁断する。切り離されて紙の束となった本をまとめてイメージスキャナにかけて画像ファイルにする。私はできるだけスキャニングの効率を上げるために、一度にたくさんの紙をセットできるドキュメント・シート・フィーダが付いた高速両面スキャナを使っている。できた画像ファイルをＯＣＲ（Optical Character Reader：光学的文字認識）ソフトにかけて文字認識させるとテキストファイルができあがる。それを拙作の音声・点字エディタ・ソフトで読む。

このやり方なら買ってきた本がすぐに読める。高速両面スキャナを用いれば一冊あたり一時間もあればテキストファイルができあがる。

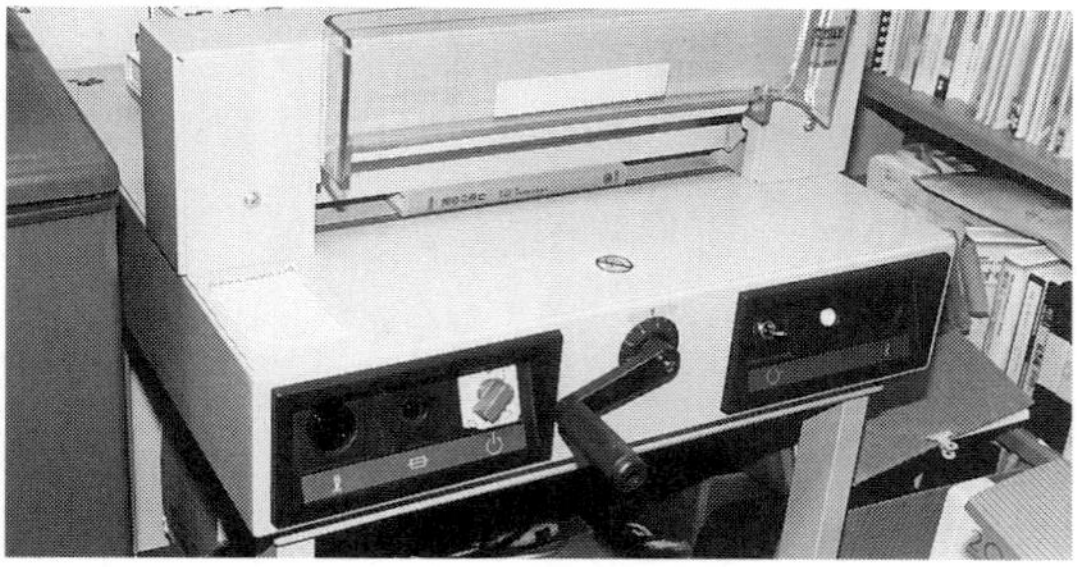

電動裁断機で本を一気に裁断すると（上）、本は紙の束になる（中）。それをイメージスキャナにかけて（下）、OCR で文字認識をするとテキストファイルができあがる。

OCRとパソコンによるハイテク読書の利点は以下のとおりだ。

(1) 本が手に入ったらすぐに読める。本というのは読みたいときに読みたいもの、あるいは読まなければならないときに読まなければならないものだ。

(2) 難解な文章も理解できる。文節ごとに行きつ戻りつしながら読むことができる。

(3) 速読できる。パソコンなら読み上げ速度を好きなだけ上げることができる。

(4) 斜め読みできる。読み上げている途中でカーソルを動かすことで、読み飛ばしできる。

(5) 検索できる。著者が用いる重要な概念の定義を確認したいときなどに便利である。

(6) 編集できる。難解なテキストを編集(削除や移動)して構造を理解することができる。

(7) 二次利用するのに便利である。簡単にメモや引用に利用できる。

ようするに、能動的に、厳密に、効率的に読むことができるようになる。

一方、ハイテク読書にもまだまだ欠点はある。ハイテク読書の欠点は以下のとおりである。

(1) OCRソフトが文字を誤認識する。OCRで文章を読み取ってテキストに変換する際、別の文字や記号と間違えて認識することがある。和文と英文が混在しているページにこの誤認識が多く起こる。とくに縦書きの和文に横書きで英文が挿入されている場合は、英文は完全に化けてしまう。なおOCRに特徴的な誤りは、「体」と「休」のように、見た目が似ている文字を誤認識することと、一つの文字を二つに分解してしまって誤認識することだ。また、網掛け文字や、白黒反転の文字などもOCRでは文字化けしてしまいがちだ。

(2) 読み上げソフトが誤読する。OCRが正しく認識しても、テキストファイルを音声化したり、点訳するときに誤りが出ることもある。日本語を正しく読むのは人間でもむずかしいことだが、コンピュータは人間よりもずっと多く間違える。

(3) 自分では誤りを完全には校正できない。私は、たいていOCRでテキストにしてそのまま読んでいる。多少の誤りはあるが、それでも、日本語と英語が混在しているページの英語部分を除けばほぼ問題なく読める。しかし、厳密に読まなければならないものはOCRでテキストファイルにしたあと、アシスタントに校正を頼んでいる。どれほど厳密に校正するかにより作業時間は違うが、厳密に校正する場合は、一冊あたり二週間ほど必要だ。ちなみにプロのテキスト入力業者に頼むと一冊一〇万〜一五万円ぐらいになってしまう。

パソコンがしゃべる!

話を学生時代にもどそう。

私は卒業論文も修士論文も点字で提出した。出来はどちらもひどいものだった。絶望的な気分だった。打開するには動かなければと、気をとりなおして、ドクターコースに入るやいなや一年間アメリカに留学した。これが私には大きな転機となった。

私が留学できたのは、「ダスキン障害者リーダー育成海外研修派遣事業」という若い障害者を対象とした海外研修プログラムが一九八一年から始まったからだ。過去二〇年間にわたりおこなわれてきたこの事業は、すでに二八〇名にのぼる研修生を海外に派遣し、帰国後は、多くの人たちが各方面で活躍している。私はこの第三期の研修生としてニューヨーク州立大学のストーニーブルック校の大学院に留学した。そこには全盲の社会学者ハナン・セルビンがいた。

私にとってこの一年間の留学生活は何ものにもかえがたい貴重な体験だった。当初は緊張とチャレンジの連続だった。私が生活することになった学生寮「ステジ12」はキャンパスの中にあったが、それでも学部があるビルまでは森の中の近道を歩いても三〇分近くかかった。途中分かれ道がいくつもあったりして、最初はよく道に迷った。

毎週読んでいかなければならないテキストを、いかにして音訳するかも難題だった。レポートも最初は困った。英文タイプライターなど使ったことがないのに、まったくのブラインドタッチでレポートを書かなければならなかった。スペースを空けたかどうか忘れることがよくあった。ミスタッチしたと思ったら、紙を新しくしてページの先頭から打ち直した。いまでは考えられないような話だ。しかし、それらの問題を一つひとつクリアするうちに私の生命力は活性化されていった。いろいろなトラブルもあったが、私はずっと元気だった。

そして、しゃべるパソコンとも出会った。驚いたことに、Apple2やIBM-PCがしゃべるのだ。レイ・カーツワイルが開発したKurzweil Reading MachineというOCR読書機にも出会った。機械が人の代わりに本を読んでくれることに感動した。当時はパソコンも高額だったが、とくに読書機は非常に高価で、個人で買えるようなものではなかった。しかし、コンピュータを賢く活用すれば、見えなくても書いたり読んだりできるようになることを知って私はがぜん希望を膨らませた。

帰国後、私は東大の大学院にもどり、勉強を続けた。帰ってきた翌年(一九八五年)に「逸脱の政治」という論文を執筆し、『思想』誌に掲載することができた。私にとっては、これが初めてのまともな論文であった。この論文は、留学時代に勉強したこと、考えたことがベースとなっている。

社会学の研究とともにコンピュータの勉強も始めた。大学は、私が学部生のころから、学生にバイト謝金を出して、私が読みたい本を音訳するという障害学生支援をしてくれていた。私が読む社会学の専門書の多くが、社会学研究室の先輩、同級生、後輩によって録音された。

なかでも圧倒的に多くの録音図書を生産したのは、あの『私的所有論』の立岩真也である。当時の彼にとって朗読バイトはかなりの収入源になっていた。彼の朗読は正確無比で、非常に聞きやすかった。

私はしだいにマクロアセンブラだのパスカルだのC言語などの入門書やリファレンスマニュアルの朗読を彼に頼むようになった。彼は、コンピュータ言語のことはまったく知らなかったが、それでも読みの正確さが落ちることはなかった。

自分の道具は自分で作る

コンピュータ言語を勉強しはじめたのは、私に二つの夢が芽生えていたからだ。それは、キーボード入力を音声化し、画面に表示される文字情報を過不足なく音声で読み上げる「スクリーンリーダー」と呼ばれるソフトウェアと、日本語の電子文書を自動的に点字に翻訳するソフトウェアを自分で作るという夢である。

なぜこれらが必要なのかを説明しよう。まずスクリーンリーダーだが、これは画面表示を見ることのできない人がコンピュータを操作するためには絶対に必要なソフトウェアである。

コンピュータは、キーボードで文字を書いたりマウスでフォーカスを移動したり命令を実行するなどの操作をおこなう。これを入力と呼ぶ。人間からのコンピュータへの働きかけはすべて入力である。他方コンピュータは画面を使って情報を表示する。これを出力と呼ぶ。つまりコンピュータは、ユーザにキーボード・マウス入力の能力と、画面出力を認識する能力を想定していることになる。

この想定から外れている人はこのままではコンピュータを操作することができない。そのまま引き下がらずになんとかしようと思えば、常駐し、裏で仕事をし、あらゆる局面で、ユーザに知らせるべき情報を「音声」に変換する仕事をするソフトを作らなければならない。こういうソフトを作りさえすれば、見えない人もコンピュータが使えるというわけだ。

もう一つの自動点訳ソフトについては、日本点字の特性を説明する必要がある。

日本語は漢字仮名混じりの書記法を採用しているが、日本点字は表音主義を採用し、分かち書きの仮名に似た書記法になっている。たとえばこの文章は、「にほん　てんじわ　ひょーおん　しゅぎを　さいよー　し、　わかちがきの　かなに　にた　しょきほーに　なって　いる。」となる。点字は六つの点の組み合わせで一つの点字記号を作る。組み合わせは六四通りできる。この点字記号をさらに組み合わせて仮名、数字、英字などを表すのだが、漢字まで表現するとなるとあまりに複雑な規則になってしまう。近年では、漢字を含む点字も開発されているが、習得ははなはだ困難で一般には普及していない。そこで、漢字仮名文をできるだけ正確に読み下し、分かち書きの仮名に変換するソフトが必要となる。これさえあれば、電子テキストは即座に点字にすることができる。

人は身体の限界を克服するために道具を作ってきた。私もまた同じ動機からソフトウェアという道具を作りたいと思った。

気がつくと私は、ソフトウェア開発に熱中するようになっていた。その主たる理由は、作った道具によって、昨日までできなかったことが今日はできるという感激を味わうことができるからであり、作ったものに決定的な有用性があるからである。だが、そればかりではない。じつは作ることそれ自体がおもしろかったのだ。熱中するあまり、私は昼も夜も仕事をするようになった。日中は研究と教育、深夜から早朝はソフトウェア開発というライフスタイルがもう十数年続いている。

ソフトウェアを作るには、エディタでプログラムを書かなければならない。プログラムを書いたら、それをコンパイラと呼ばれる「ソフトウェアを作るためのソフトウェア」に読み込ませてソフトウェアを作る。この作業をコンパイルと呼ぶ。プログラムに文法的な誤りがあるとコンパイルは中断し、エラーの内容が画面に表示される。プログラマはそれを見てプログラムを修正し誤りを訂正する。

スクリーンリーダーを作るにはスクリーンリーダーが必要であり、エディタを作るにはエディタが必要だった。ようするに当初の私は、「私が作ろうとするソフトウェアなしに私が作ろうとするソフトウェアは作れない」という状況にあった。

しかし一つだけ手があった。すでに点字プリンタが開発されていた。このプリンタには点字キーボードも付いていた。これをシリアルポート接続でパソコンにつなぎ、コンピュータの設定を変えると、画面表示を点字プリンタに出力させることができた。またキーボード入力の代わりに、点字プリンタの点字キーボードからキー入力することができた。つまり、「点字キーボード付き点字プリンタ」は、コンピュータの端末になることができたのだ。その点字プリンタは一〇〇万円以上もするものだったが、開発者の平塚尚一さんから無償でいただいた。

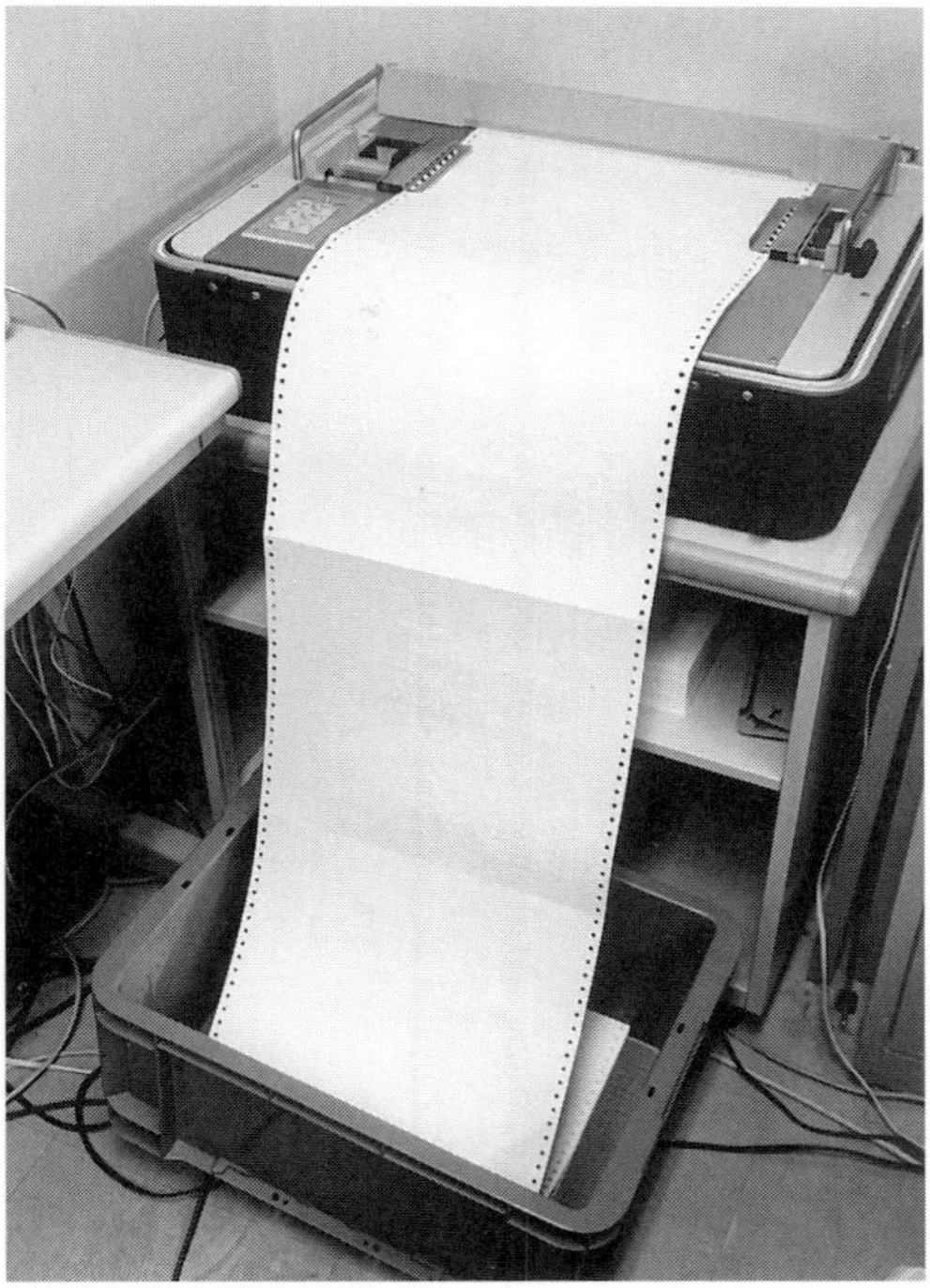

テキストファイルを自動点訳する点字プリンタ。小気味よい音を立てて点字用紙をはき出していく。

この点字プリンタは、漢字を点字に変換することはできなかったが、英数記号や仮名は正しい点字にして出力してくれた。この点字プリンタとＯＳ(Operating System：基本ソフト)付属のラインエディタ(edlin)で最初のプログラミングを始めた。私と同じ夢を抱く人は他にも数人いた。彼らは競い合うライバルであるというより、私たちの開発への情熱と、開発の苦労と、開発の醍醐味を誰よりもよく知っている仲間、同志である。

簡単なエディタができた。そうこうするうちに、仮名を送れば音声でしゃべってくれる音声合成装置が市販されるようにもなってきた。いよいよ本格的な開発を始める機は熟した。

EXTRAとグラスルーツ

私はまず自動点訳ソフトの開発に取り組んだ。

先に書いたように点字には漢字はない。すべて仮名で表記する。そして自立語の直前や複合語の語と語の間などにはスペースを入れなければならない。だから自動点訳ソフトは、漢字仮名混じりの文書を、まず分かち書きの仮名に変換し、さらにそれを点字にするという処理をおこなう。日本語の漢字の読みは複雑である。前後関係から読みを正しく選択する手続き(アルゴリズム)を作らなければ高精度の自動点訳は実現しない。

良い辞書も作らなければならない。登録語数が多ければ良いというものではない。最初の自動点訳ソフトをリリースしたときから今日にいたるまで私は、自動点訳のアルゴリズムの改良と辞書の改良をずっと続けている。それでも、「今日」を「きょー」とするか「こんにち」とするかの判断はまだできないし、「方」を「かた」とするか「ほー」とするかの判断も依然厳しい。また、人名の読みもむずかしい。辞書にない名前でも読めるように、アルゴリズムを工夫しているが、それでもとくに女性の名前はむずかしい。当て字を並べた誰も読めないような新しい名前が毎年大量に発明されるので、それらの辞書登録は不可欠である。

EXTRAと名付けたこの自動点訳ソフトの初期バージョンは、最新のウィンドウズ版と比べれば、お話にならないほどユーザ・インタフェイスは稚拙だし、変換精度も劣っていた。けれども、それが製品となって世の中に出ていったとき私は感無量だった。

次に向かったのはスクリーンリーダーと呼ばれるソフトウェアの開発だった。

先に説明した、OSやアプリケーションの文字情報の入出力を監視し、過不足なく入出力情報を音声や点字でユーザに通知するソフトウェアである。私はUCバークレイの電子工学の助教授のスティーブ・スミスが開発したFlipperというMS-DOS用スクリーンリーダーに魅せられていた。パートナーが全盲だったことから、彼はスクリーンリーダーの開発をおこなった。そして、オムニクロンという会社を作って販売していた。私はバークレイに客員研究者として滞在した一九八九年にこのFlipperと出会ったのだ。

しかしスクリーンリーダーの開発には高度な技術が必要だ。私の作った日本語MS-DOS用スクリーンリーダー「グラスルーツ」は、MS-DOSの時代が終わりを告げようとするときになってようやく納得できるレベルに達した。時間がかかりすぎた。とはいえ、MS-DOSは視覚障害者には使いやすいOSであるため、いまなお、私以外にも多くのユーザが、ウィンドウズのDOSボックスでグラスルーツを動かしている。Unixユーザもグラスルーツの載ったDOSパソコンを端末に使っている。

ウィンドウズ用スクリーンリーダーの開発にもトライした。オランダのアルバ社のoutSpokenというウィンドウズ用スクリーンリーダーを日本語環境に移植する仕事もした。

さらにVEGAという、エディタ機能とインターネットブラウザ機能をシームレスに使えるソフトウエアも開発した。そしてそのウィンドウズ版である ALTAIR for Windows も日本障害者リハビリテーション協会との共同プロジェクトにより実現した。ALTAIR にはつい最近になってメーラー機能も実装した。

エディタ中心主義

コンピュータでおこなう作業の大部分はテキストの読み書きである。原稿を執筆するときも、電子文書を読むときも、メールを読み書きするときも、ブラウザでウェブアクセスするときも、ほとんどはテクスチャルな情報の読み書きである。にもかかわらず、それらの作業ごとに異なるアプリケーションが提供されており、人々は、それらのアプリケーションを使い分けて読み書き作業をおこなっている。

しかし、タスク別に道具を換えるより、一つの道具で大部分の作業をおこなうほうが作業効率はずっとよい。いつも同じ道具を使うことによって、道具への習熟が増し、道具は身体化するからである。これはとくに、画面を見てアイコンやボタンをマウスで操作するタイプのＧＵＩ(Graphical User Interface)と呼ばれるインタフェイスより、音声出力で情報を確認しながらキーボードで入力するＡＵＩ(Aural User Interface)について言えるように思う。

ＧＵＩであれば、アプリケーションが換わっても、マウスによる操作はさほど変わらない。だが、ＡＵＩでソフトウェアを使おうとするユーザ、つまり視覚障害者にとっては、一つのソフトウェアがエディタ機能、ブラウザ機能、メーラー機能を提供してくれるに越したことはない。一種類のキーボード・コマンドの体系を覚えるだけで大部分の操作が可能になるからである。

私はそのような考えにもとづくソフトウェア開発を「エディタ中心主義」と呼んでいる。もちろん、このコンセプトは私の独創ではない。かのフリーソフトウェア運動の旗手リチャード・ストールマンの

Emacsが正にそうである。技術者、研究者たちが、自分の必要とする道具を貪欲に開発しつづけた結果、Emacsは最強のエディタへと進化していった。そして「Emacsをエディタと呼ぶことは、地球を大きな土の塊と呼ぶようなものだ」とまで言わしめるような存在となった。

これからも作りたいソフトウェアがいくつもある。すでに着手しているものとしては、LinuxやFreeBSDといったUnix系ＯＳ用のスクリーンリーダーの開発があるし、ALTAIR for WindowsをLinuxやFreeBSDに移植したいとも思っている。私はユーザにＧＵＩという特定のユーザ・インタフェイスを押しつけるＯＳとのおつきあいはできればもうやめたいのである。また最先端のウェブ技術を使った次世代インターネット音声ブラウザも、ぜひとも作りたいと考えている。

このように私はソフトウェア開発では貪欲に仕事をしてきたし、これからも当分それは変わらないだろうと思う。これだけの量の仕事を一人でおこなうのはもちろん不可能だ。当初は私一人で開発していたが、やがて私の仕事を手伝ってくれるプログラマ（大崎喜功さん）とめぐり会い、多くのソフトを二人で作ってきた。ウィンドウズ用ソフトの開発では、私ができる仕事は減少した。ＧＵＩ回りなどは私ではどうにもならない。私の相方もばててきた。しかし、信頼できる外注先と出会うことができ、いまは私を含め五人体制で開発をおこなっている。

自動点訳ソフトのEXTRA for Windowsは商用ソフトウェアだが、あとはフリーウェアとして提供している。多額の開発費が必要なソフトウェアをフリーウェアとして提供できるのは、種々の公的資金を利用することができたからだ。とくに河村宏さん（第６章参照）と日本障害者リハビリテーション協会からのバックアップが私の開発を支えてくれた。

2

ユーザを巻き込むことにより私は開発に釘付けになる

際限なき更新

私のソフト開発は、ユーザを巻き込むやり方をとっている。メーリングリストを作り、そこに開発者とユーザが参加して、開発者はリリース情報とユーザサポートを提供し、新しい機能の追加や機能変更について提案しユーザの意見を求める。ユーザはリビジョンアップしたソフトをダウンロードし、動作確認する。機能拡張や機能変更に対して自分の意見を述べる。使っているうちにバグ、つまりプログラムの不具合が見つかれば報告する。新しい機能について要望やアイディアがあれば提案する。パワーユーザは、開発者に協力して進んで初心者からの質問に答える。

メーリングリストはもう六年以上続いている。メールは平均して、一年に四〇〇〇通に達する。いま調べてみると、そのうち四分の一、つまり一〇〇〇通は私が書いている。

VEGAというウェブブラウザ機能をもつエディタの場合、Ver.1.0からバージョンアップとリビジョンアップを続けていまはVer.9.16になっている。ざっと八〇〇回は更新したことになる。スクリーンリーダーのグラスルーツはVer.5.44に、WMAILというメーラーはVer.5.08になり、昨年春にリリースしたALTAIR for Windowsでさえ最新バージョンはVer.4.15である。私はこれらのソフトを猛烈なスピードでバージョンアップしてきた。開発者とユーザ間の直接的な対話の場としてのメーリングリストが、私をこうした猛烈な開発へと駆り立ててきた。

拙作のソフトの機能拡張や機能変更に対してユーザはそれはそれは熱心に意見を述べてくれる。ときには一生懸命すぎて喧嘩ごしになることさえある。開発者もどうしても入れ込んでしまう。たとえば、

私は、VEGAを情報取得のために利用しています。そして、その「情報取得」には、できるかぎり晴眼者に遅れをとらない速度が要求されている、というのが、私の日々の現実です。VEGAでのウェブ閲覧を見せると、「変わったブラウザだけれど、私たちと変わらないスピードでネットサーフィンできるんですね」と感心されることがとても多いです。そのVEGAの良さは、なにかの形で継承されていくべきだと私は思うし、そう切望しています。

というユーザの書き込みなどが、私を日夜の改良作業へと誘惑する。

みんなが乗れるボート

私は、目の前にあるコンピュータを操ることができれば私の自由が劇的に増大するのがわかっているのに、操作できないというのがどうにも悔しかった。私たちの存在は無視されている。多くの人々に共通する都合には企業は精いっぱい配慮し対応する。だが、数が少なく収益があがりそうにない人々の希望は無視される。

市場原理は生産を活性化し、流通を促し、消費を増加させる優れた装置ではあるが、少数者の要求を満たすための仕組みではない。力のある大手企業がときおり社会貢献として、収益を考えずに道具を作

ってくれることはあっても、そうした気まぐれに近いような動機をあてにすることはできない。

この社会には配慮の平等は実現していない。自分でなんとかするしかない。私はそう思った。私は一刻も早く、コンピュータを自由に操れるようになりたかった。自由に読めるようになりたかったし、自由に書けるようにもなりたかった。電子辞書を検索し、インターネットにアクセスし、メールを書き、自在に情報を処理できるようになりたかったのである。

『渡辺荘の宇宙人』の著者で盲ろう者の福島智さんは、ＮＨＫの教育テレビにいっしょに出演したときに、次のように言ってくれた。


　私たちは、情報から隔絶した無人島に流されたような状態にいました。そういうとき普通、人は救助を待つものですが、石川さんは、自分でボートを作って脱出しようとする人なんです。しかも、自分だけの筏やカヌーでなく、みんなが乗れる大きなボートを作ってくれたんです。


これまた心のこもったお世辞だ。私のボートはまだそれほど大きくはない。

私の作ったソフトのユーザには、全盲や強度弱視のユーザだけでなく、盲ろう者もいる。私が点字表示機能をとても重視してきたからだが、それでも私自身はほとんど音だけで仕事をしている。だからついつい音声出力の都合を優先してしまう。ユーザが指摘してくれないと点字出力がおろそかになる。弱視者への配慮はもっと不足している。私の気持ちのなかのどこかに、「彼らは見えるのだから、拡大ソフトを使えばすべて解決するはずなので、私のソフトのユーザではない」という決めつけがあるからだ。しかし強度弱視の人たちは、音声と画面を両方必要としている。

第三世界の視覚障害者はいまなお電子情報から隔絶された無人島にいる。私のボートは彼らを乗せることができない。しだいにこれも不愉快になってきている。

世界で最大のシェアを誇るウィンドウズ用スクリーンリーダーのJAWSは一〇〇〇ドルする。英語を使える人にはたいへん有用なソフトだが、とてもではないが第三世界の障害者に買えるようなものではない。スクリーンリーダーの開発には多額の開発費が必要である。二年に一回のペースでメジャーバージョンアップするだけでも数十万ドルの開発費が必要となる。だから一〇〇〇ドルという価格を私は法外だとは思わない。私は開発側の台所状況はよくわかっている。けれども、それでは必要な人々に必要な道具は行き渡らない。やはりこれは不愉快なことだ。


Date: Mon, 07 Aug 2000 16:04
高橋です。

〉添付ファイル取り出し機能を改良しました。

ありがとうございました!

オリジナルのファイル名もわかるし、すべてのファイルが上書きされずに取り出せるようになって、ほんとうに助かりました。

私はWMAILの開発組織の仕組みを知らないのですが、さまざまなタイプのメールを自由に読み書きできることの意義は、特に視覚障害者にとって計り知れないほど大きいと感じています。

他の人の手を借りずに文書をやりとりし、細かい内容を協議しながら仕事を進めていけるようになって、自分にもできる仕事の量や分野がものすごく増えました。

メールがなかったら、今の私は社内失業、あるいはほんとうに失業していたかもしれないとまじめに思います。

今後も世の中はどんどん進んでしまって、メーラーにも新しい機能が少なからず求められることになるでしょう。本来なら、マイクロソフト等の企業が視覚障害者の使い勝手なども考慮したソフト設計に真剣に取り組むべきだと思うのですが、現状はなかなかそうとはいかず、それでも私たちは日々できるかぎりの日常業務をこなしていかなければなりません。

私は、パソコンの扱い自体はけっして得意ではないし、ＤＯＳ時代の便利さを知ってしまっているためか、手袋をはめた手で物をつかむようなウィンドウズの操作性にはなかなかなじめずにいるのが現状です。そんななかで、WMAILは、ＤＯＳ上でウィンドウズの世界とほぼ対等に(ＤＯＳゆえの制約を受けずに)やりとりできるすばらしいメーラーだと感じています。このように感じているWMAILユーザは、きっと私ひとりではないはずです。

Date: Mon, 06 Jan 2003 20:16

坂本です。

少しまともに使ってみました。

エンジン切り替えのときにもストレスをほとんど感じないし、いやあ、これはすごい。

で、やはりこれはデフォルトにするオプションはきっと無くてもよいような気がしてきました。

Date: Mon, 13 Jan 2003 14:07

R@祝日なのに会議で出勤しています。

でも、見てしまったので、考えているふりをしながらダウンロードして試してしまいました(^^;)。

スレッド対応、すばらしいです。“top”と“end”があるので、“hit”はなくてもいいかもと思いました(そのほうが動きが軽くなるので）。

Date: Thu, 20 Feb 2003 09:53

坂本です。

〉1．utf-8 のホームページを表示できるようにした。

す、すばらしいです！

とりあえず、

http://www.meadowy.org/meadow/

で、できることを確認しました。

Date: Thu, 31 Jul 2003 01:40

坂本です。

〉3．シェルモードで bash を使えるようにした。

すばらしい！　使えることを確認しました。

私はつねに、このような賞賛やねぎらいをエネルギーにして開発を続けてきた。ボートを作るのは、自由になりたいからばかりでなく、みんなが誉めてくれるからでもある。エバンゲリオンのパイロットの碇シンジと同じだ。

ではこうしたメールをもらうと私は満足して、しばし開発から離れることができるのかというとそうではない。ユーザは新しい機能拡張に賛辞を贈るが早いか、すぐに新しい要望を出してくる。

Date: Sun, 02 Mar 2003 00:20

高橋です。

〉1．パートが Message/RFC822 の場合にそのメッセージのヘッダーのうち

〉From, To, Cc, Subject, Reply-To, Date を表示するようにした。

すばらしいです！　これで転送メールの差出人や日付がわかるので、いままでよりもいろいろな意味ですごく安心になりそうです。

ところで、WMAIL でメールを転送したとき、いまの From: と Subject: の表示に Date: を加えることは、list.dat のもっている情報の関係でむずかしかったんでしたっけ……？　もしむずかしくないのなら、転送メールにも日付の情報がほしいと思うことがとても多いので、Date: も加えていただけるとうれしいです。

それと、件名のロング表示で、Re:［***］***のような場合、いまは Re: が削除されてしまいますが、やはり、Re: はあったほうが、いろいろな意味で便利なように私は感じます。

Re:***のRe: は残るのに、Re:［***］***の Re: は残らないのも、なんとなく腑に落ちない感じがして……。

Date: Fri, 14 Mar 2003 01:38

高橋です。

〉3．サブジェクトのロング表示を改良した。

これはすばらしいです！　どんなタグが来ても無敵っぽいですね……！

〉4．フォワードの第一パートに Date を入れるようにした。

これも懸案事項だったのに、とうとう実現してしまわれたんですね。私はメールを転送することもけっこ

う多いので、ほんとうに助かります(これまでは、手動で日付をペイストしていました)。ありがとうございます。

で、なぜいつも感謝の言葉だけじゃ終われないんだ！　と言われてしまいそうですが、気になっていることを書きます。たいした問題ではないので、処理がめんどうになってしまうのなら現状でも平気だと思います。

複数のメールを一度に書いたとき、たとえば二通目のメールを初めて保存して outbox へ行くと、フォーカスは一通目に当たりますよね。ここで、私は「あやっ？　いま書いたメールはどこ？」とついついとまどってしまいます。そのあと、三通目、四通目を一気に書いて、outbox へ行くと、今度は一瞬メールが二通しかないような錯覚をしてどきっとします。

慣れの問題なのかもしれませんが、sendbox や dustbox でも、同様の不思議な違和感を今日は感じていました。

少なくとも、outbox を開いたときには、フォーカスは必ず最後に置かれていたほうが(それで、何通未送信のメールが溜まっているのかも即座にわかる)使いやすいような気がするのですが、どうなんでしょう……？

Date: Fri, 02 May 2003 08:10

またまた高橋です。

一つ(二つ？)要望があります。

構造表示モードの見出しを表す"#"と実際の見出しの行の間に改行を入れないようにすると、さらに読みやすくなると思います。

それと、これは坂本さんのと少し関連するのですが、テーブル表示で、空白セルの存在がわかる工夫があるといいなと思いました。(□みたいなダミー文字列(?)を表示するとか)。そうすると、テーブルとしてのイメージが把握しやすくなるような気がします。
＃これまで再表示機能ってほとんど使ったことがなかったのですが、再表示してもフォーカスが動かないのはすばらしいですね。

承認するから労働せよ

ユーザは「なぜいつも感謝の言葉だけじゃ終われないんだ！　と言われてしまいそうですが、気になっていることを書きます。たいした問題ではないので、処理がめんどうになってしまうのなら現状でも平気だと思います」と、賞賛とねぎらいだけでいったん止めてほしいという私の希望を百も承知しつつ、要望やバグレポートを控えるわけではない。

いまは本業が忙しいので要望やバグレポートは投稿しないでください、と頼んでも、「いつでもいいんです、忘れないうちに報告だけします」と多くのユーザは譲らない。

私はといえば、そんなものは無視すればよいのだが、とりわけバグの指摘があると気持ちが悪くてしかたがなくなる。一刻も早く修正したくなるのだ。けっきょく本業がいくら忙しくても、睡眠時間を削ってバグの修正を優先することになる。この不快感は、風呂好きが熱があっても風呂に入らないとどうにも気持ちが悪くてたまらないというのとやや似ているかもしれない。

いずれにせよ私の、宿題を出されると一刻も早く提出しようとする性癖は完全にユーザに読まれており、私はユーザによって完全に制御されているかのようである。ユーザは私を働かさなければ自分の欲望を実現することができないのだから、満足させず、落胆もさせず、生かさず殺さず、私を開発へと釘付けにしようとする。他者を働かせる手管がそこでは重要となる。

だがユーザの欲望を肥大させてきたのは私である。私はユーザの要望には——それがナンセンスなものや正しくないものは別として——できるかぎりこたえてきた。私はソフトウェアという道具を提供し、彼ら、彼女らを私の承認者に仕立てあげてきた。私は、能力による存在証明とともに、私を必要とする人々との関係によっても支えられることになる。

この二重の承認が私をさらなる労働へと向かわせる原動力になっているのは疑いない。そして、ユー

コックピットのような研究室。スクリーンリーダーの声とキーボードをたたく音が響く。

ザが離れていくことへの不安によっても、私はさらなる労働へと向かう。ユーザのいないソフトウェアを作るプログラマなんて喜劇的でしかないからだ。ユーザは承認と引き換えに私に労働せよと要求する。当然のことだ。私が作った道具を日々使い仕事や勉強をしている人々は、その道具が良いものであればあるほど、良いものになっていけばいくほど、私に従属することになる。私の道具なしでは生きていけないという状態になる。

それをアディクト(嗜癖者)と呼ぶのは適切ではないだろう。なぜなら道具は有害なものではなく有用なものだからである。しかし、構造としてはアディクションと共依存のそれに驚くほど似てくるのだ。してみると、やはり私もまた「人工いい人」だったのか。献身からほど遠い私までが、私を必要とする人を必要としているのだろうか。

厳密にいえばかならずしもそうではない。私は、私を必要としている人を「必要」としているというより、私を必要とする人を「利用」している。仕事へと向かうための燃料として、あるいは、能力による存在証明を加速するためのブースターとして、頼られる関係による存在証明を利用しているのである。そういう関係があれば利用するし、なければ作ろうともするし、なくなりそうになれば続けるための努力を惜しまないが、どうしても必要というわけではないという点では、これを共依存と呼ぶのは、この概念の本来の意味からするとやや拡張解釈になる。

ただ、そういう私も、ユーザから頼られると、その期待を拒絶することができない。なぜなら期待を裏切るというのは私においては能力の証明を脅かす危険な行為だからである。ようするに、私は頼られる関係を必要としているわけではないが、期待されつづけると期待にこたえなければならないという理由で、この関係から脱出できないのである。私は、多くの共依存者のように、人に好かれたいわけでもいい人と思われたいわけでもない。にもかかわらず、あたかも共依存であるかのように振る舞うことになるのは、このような事情による。

さいわい私と関係を結ぶユーザは嗜癖者ではない。捕まってしまった道具に依存しつつも、その道具を自分の仕事や勉強のために余すところなく使い込む人々である。だから私には加害性を自覚すべき理由がない。それどころか、必要とされている私という位置取りをたえず披露しつつも享受している。能力依存と道具依存の関係は、私にも、おそらくユーザにも、悪くはないのである。

けれども、一つ押さえておくべきことがある。

私は当初、共依存とは無関係だった。一人で道具を作り、完成すると製品化した。代理店がすべてのユーザサポートの責任を果たしてくれたので、私はユーザとは直接触れあう機会はなかった。私が共依存的となったのは、ユーザを巻き込む方法でソフトウェアを作りはじめたからだ。元来共依存でない者も、そうした関係のなかではやがてあたかも共依存であるかのように振る舞うことになるのである。そしてその結果私の開発へのインセンティブは確実に上がった。

こうして人は「援助者」を降りられなくなる

今日援助者は共依存者といわれ、「嗜癖者をむしろ積極的に作り出してきた」と批判されることが多くなった。私は、自分の体験にもとづき、それは半ば正しく半ば誤っていると思う。両者の関係は、相互従属、相互支配であり、共同作業、結託関係であり、どちらかが絶対的な主導権を握っているわけではないと思う。

にもかかわらず、医療からの脱出をめざす患者は、「自分たちは援助職の人々によって、ますます患者にさせられ、ますます嗜癖者にさせられている」と、援助職の人々に嗜癖の再生産や増幅の責任を帰責しつつある。たしかに医療という絶大な力をもつ制度が存在する以上、両者の責任は五分五分とはいえない。しかし、まったく一方的に援助職が嗜癖者を必要とし、嗜癖者を援助職との関係のなかに縛り付けてきたということではないように思う。

援助できる人のまわりには、人に期待するのが好きな人が集まる。援助するのが嫌いな人であっても、期待されれば、期待にこたえたくなる。期待を無視すれば、私は能力がないから、かつまた私は冷淡な人間だから黙殺したのだという可能性を棄却できなくなる。「これはあなたにしかできないことだ」と言われているように感じられると人はいやおうなく援助者となっていく。一度そのように反応すると、その匂いをかぎつけて、他者に期待したい人が集まってくる。期待にこたえようとすればするほど期待する人はさらなる期待を創造する。

こうして人は援助者を降りることができなくなる。またそれが快感ともなる。援助者は疲労しつつ援助に釘付けになる。

援助者-被援助者関係は、援助する者と援助される者の利害が一致することにより結ばれた関係である。両者の利害が一致して、give and take の関係が成立しているのだ。援助者は援助と引き換えに、承認を得る。被援助者は期待し感謝し再び期待する。繰り返し繰り返し、承認される絶好の機会を与え、援助が首尾よく成就すると、心からの承認を提供する。

誤解しないでもらいたい。私はそのような関係を不快に思っているわけではない。

たしかに援助-被援助関係は、ときにはどちらかあるいは両方がバーンアウトしてしまうような、人に過度な負担をかける場合がある。「共依存女とＤＶ男」の関係などはその最たるものだろう。援助-被援助関係が破綻する、あるいは最悪の結末となるのは、両者が過度に両者を必要としている場合だ。いわば両者の求め合う力が強すぎて、あまりにシリアスすぎて、両者の精神と肉体に過度な力がかかり壊れてしまうのだ。そうならないように、援助-被援助関係がエスカレートしないようにする工夫が、個人においても社会においても要請されていると私は思う。

「社交」としての援助

だがその反対の極には、「社交」といってよいような楽しい援助-被援助関係もある。たとえば、道に迷った人がたまたま通った人に道を尋ねるのはほとんど社交である。ちょっとしたボランティア活動もまた社交である。私のユーザを巻き込むフリーソフトウェア開発もまた、有用な道具を作り提供するというシリアスな目的のための方法であると同時に、社交としての側面もある。

メーリングリストはさしずめサロンであり、私は自分が作ったものをサロンに集う人々に披露し、使ってもらって、論評をもらい、賞賛を浴び、不具合を指摘され、注文をつけられ、さらなる製作に向かう活力としているのだ。もちろんすでに繰り返し述べたように、ときにこの道具作りの趣味＋社交は私の本業を圧迫し、私から睡眠時間を奪うのではあるが。

白石さんからメール到着。

山崎正和さんが近著『社交する人間』で、「生産と分配」の社会から「贈与と交換」の社会への移行を促すポイントが「社交」という概念である、と書いています。そして「産業」と「奉仕」という二極の間には「贈与と名誉を与えあう関係」、つまり社交があるとして、例としてLinuxが挙げられていました。ちなみに三〇二頁にこんなことも書かれています。

《仕事の一部を「贈与」としておこない、それに感謝と評判で酬いられるのは喜びだという観念が復活するかもしれない。職業の半ばはじつは社交にほかならず、純粋な等価交換を超えるものだという感覚が蘇る可能性がある》

これって石川さんそのものじゃないですか?

石川の返信。

そうです。お金より賞賛やねぎらいがほしくて仕事をする人です。そして、そういう人はもうずっと昔からたくさんいて、そういう人も良い仕事をしてきました。

高橋さんからメールが到着。

私がメーリングリスト上で他の人のサポートをする理由、たぶん、そうすることで自分が気持ちいいんじゃないかといまちょっと考えて思いました(^_^;)。自分が知っていることを、まだ知らない人に伝えるって、なんだかうれしいというか……。

でも、私は(相手が友だちだったり、個人メールで質問を受けたりしたときは別ですが)メーリングリスト上の質問に、わざわざ調べて答えようと思うことはありません。そういうときは、ちょうどその件に自分もすごく関心をもっていて「しめしめ、では、これを機に……」と思えるときだけみたいです(私はまったくいい人じゃないですね(^_^;)。

あと、ほんとうに困っていそうな書き込みを見ると、それが自分の守備範囲内なら助けたい! という気持ちにはなります。自分もそうやっていっぱい助けてもらってきたので。

#これで送信しようとして読み返していて思ったのですが、私にとっての石川さんは「開発者」というより、同じ「ユーザ」なのだと思います。似たような不便さと願いを共有している者同士というか。で、石川さんだけが、その不便さを突破したり願いを叶えたりする鍵(能力)をもっている。すみません、とても自己中心で。で、だからこそ、とんでもなくいろいろなことを、(すごくいやがられていることがわかっ

ていたときにも)ずけずけ書けてしまったのだと思います。
もし、石川さんが私と同じ「ユーザ」でなかったら、私はきっとあそこまでいろいろなことは書かなかったし、ちょっとでもいやがられていることを感じた瞬間におとなしくなっていたと思います。
だらだらとすみません。VEGA依存者なもので、いろいろと思いが強くて(^^;)。

坂本さんからも返信あり。

私の場合は、「どうせ調べているなんて誰にもわからないんだから、調べて書き込めば自分だけが知っている」という優越感というか、そういうのが気持ちいいんだと思います。
で、その調べたことが正解で、「助かりました、ありがとうございます」なんて言われるともうたまらない！　自分の行動がすべてそうかはわからないですが、このようなことはよくあるように感じます。とくに働きだす前はそうだったかなあ。
働きだしてからは会社でも、「仕事で」否応なしにそういうことしないといけないので、プライベートなときまで人のサポートはしたくない、と最近は思っています。

井上さんからも到着。

以前はわかると思えば何か書いていたと思うのですが、最近は腰が重くなって、メーリングリストなどでサポートをするのは、
・質問の仕方、あるいは質問者が答えたくなるタイプのとき
・自分もその問題を調べてみたくなったとき
・自分には答えがわかっている(と思える)のに議論がずれているとき

・自分が答えないといけないとき
・仕事が暇なとき、あるいは気分転換したいとき(^_^;)
とかになってる気がします。

サポートをしてよかったと思えるのは、もちろん問題が解決したときは当然ですが、自分の発言や提案がトリガーになってその本人がもっと多くの知識を得たり、自分が予測しない、でも的を射た新しい質問をするに至ったときなどです。

そういうのもあって、可能ならできるだけその人に合った、できるだけ正しい言葉で説明するようにつとめます。逆に「後でやってみます」で終わったり、なにも反応がなかったりすると悲しいんですけどね。

私の場合、根底に、自分は他人に多くを求めるのに他人にしてあげられることはとても少ない、という感覚があります。だから、たまたま自分が好きでやっているソフトウェアやコンピュータの分野で他人が困っているとつい首を突っ込んでしまうんですが、それは自分への慰めだろうと思っています。究極的にはたいていの人が自分がなりたい気持ちになる方向に行動するんだから慰めでもいいと納得しているところもあるんですが。

そういう意味で、自分は「人工いい人」だと思うし、まあそれもいいのかなと思っています。

3 道具を作る自由

脱出用ボートなのにお金を取るのか!?

私はフリーウェアを提供するかたわら、EXTRA for Windows という商用ソフトウェアを開発している。

EXTRA は高額のソフトである。顧客は、点字プリンタを所有している法人が中心である。点字プリンタは一〇〇万円とか二〇〇万円もするとても高価なものだから、点字プリンタを所有するのはほとんど公共団体や企業にかぎられる。つまり EXTRA は法人向けソフトなのだ。そのことを見越して価格を設定している面がないとはいえない。もちろん個人で購入してくれるユーザもいないわけではないが、あまりに高額(定価七万八〇〇〇円)なので、それは例外的なケースである。

EXTRA は毎年コンスタントに四〇〇本ほど売れる。販売会社への仕切は四〇%から六〇%である。それで年間の収益が計算できる。この収益を使ってバージョンアップをおこなう。毎年は無理だが、一年おきのメジャーバージョンアップなら十分可能だ。

私は視覚障害者個人にはMS-DOS版 EXTRA をフリーウェアで提供している。ウィンドウズ版が高価で買えない個人にはDOS版を提供しており、視覚障害者にはむしろこのDOS版のほうが便利でもあるのだから、私はアコギではないと思ってきた。さいわいウィンドウズXPでもDOSボックスで

DOS版EXTRAは動く。だが、いつまで動くかわかったものではない。次のOSではまったく動かなくなるかもしれない。しかし、ウィンドウズ版EXTRAの大幅値下げは自殺行為になる危険がある。収益が落ち込めば私はEXTRAの開発を続けていくことができなくなる。さりとて今の価格が個人には高すぎてなかなか手が出ないことは重々承知している。

　商用ソフトを開発することには葛藤がある。福島さんの比喩でいえば、脱出用ボートを作ったものの、そのボートに乗りたい人から金をとるわけだから、いやらしいのではないかと思ってしまうのだ。

　スクリーンリーダーは安いものでも三万円、高いものになると一五万円もする。ワープロソフトは八万円、点字エディタでさえ五万円もする。OCR読書ソフトも一〇万円近い値段だ。点字ディスプレイは四〇万円以上するし、点字プリンタは安いものでも五〇万円を下らないから持っている人は少ない。もちろん健常者と同じようにパソコンもディスプレイもプリンタもスキャナも買わなければならない。電子辞書も絶対必要だ。そうやってすべて買っていけばあっという間に二〇〇万円近い出費になる。ざっと健常者の一〇倍の費用を負担しなければならない。これはどうみても公正ではない。

　だが、私はこう考えることでこの疑問をどうにか押さえ込んでいる。私は作るが、私だけでは作れない。働ける人は、働いて収入を得なければ生活できない。ボートを作るには資金がいる。公的資金が使えるならそれはそれでよいが、そうでなければ、ボートに乗ろうとする人に負担を共有してもらうしかない。

フリーソフトの思想

　プログラマの工藤智行さんからメールがとどいた。

　私が以前勤めていた会社に、半年ほど助っ人としてアメリカから呼び寄せ、一緒にBeatWordというワープロを開発したバーニー・グリーンベルグという人がいます。プログラミング技術で恐らく私がいちばん大きな影響を受けた人です。

バーニーさんは世界で最初のリスプコンパイラを開発したり、リスプによる最初のEmacsの実装をおこなった人です。彼は昔、MITのAIラボで、ストールマン氏と一緒に研究をしていたのですが、リスプマシンの商用化をめぐる考え方で対立し、ストールマン氏と袂を分かつことになったそうです。当時のいきさつを、バーニーさんから聞いているので、私の場合、ストールマン氏がエッセイで書かれている内容をそのまま鵜呑みにはできないのですが、それでもフリーソフトウェア(自由ソフトウェアと呼ぶべきだと私は考えていますが)という理念は素晴らしく、共感しています。

最近、私の会社サイパックで商用のソフトウェアを売り出そうと考えて、いくつかの開発(全文検索エンジン、文字コードコンバータ、XMLパーサ)をおこなっていたのですが、プログラミングに対する執念のようなものが自分の中に生まれてこないため、どれも最後の詰めを残した状態になっています。最近はこの部分を非常に問題視していました。どうやらこれが、純粋にソフトウェアを書きたいと感じて作っているソフトウェアを、独占しようとすることに関するみずからの反抗なのではないかと感じはじめました。

先日、これらのソフトウェアを、GPL[後出]の元で公開し、サイパックはそのサポートや機能の追加や変更を収入源にする決心がつきました。決心がついたと同時に、面倒だった先の詰めの作業があまり苦に感じなくなってきました。

私だけの現象かもしれませんが、ライセンスで縛って、ソフトウェアを金銭に置き換えることへの抵抗感というのも、フリーソフトウェアの一つの動機かもしれません。

通常商用ソフトウェアは、客に使用権だけを売る。客はその使用権を譲渡したり売却したりすることはできない。複製して頒布すれば違法行為となる。また、ソースコードは客には提供しない。提供するのは実行可能なバイナリと呼ばれるプログラム一式とマニュアルである。

この商用ソフトウェアのビジネスモデルを、ユーザから自由を奪う行為だとして批判した人がいた。リチャード・ストールマンである。彼はフリーソフトウェア運動を立ち上げ、フリーソフトウェア財団(FSF)を設立し、GNUと呼ばれるフリーソフトウェアの開発プロジェクトを二〇年にわたり陣頭指揮してきた。

彼はソフトウェアは、誰もが自由に改変できるように、ソースコードを含めて提供されるべきだと主張する。この主張は支援技術の開発者にはとても共感できることだ。ソースコードさえ手に入れば解決できるのに、それがないばかりに膨大な労力を投入して、著作権者が禁じているリバースエンジニアリングまがいのことまでしなければならないことがしばしばある。

OSやアプリケーションソフトのソースコードがあれば、OSやアプリケーションの音声化ははるかに楽に実現できる。だが、ソースコードの公開は商用ソフトウェアのビジネスモデルからすれば、とうてい受け入れがたい要求であることも確かである。高い開発費をかけて作ったソフトのソースコードを公開してしまえば、またたく間にライバルたちがそのソースコードを入手して、開発費を負担せずに、名前だけ違う同じ機能のソフトを売り出してしまうにちがいない。それはとうてい容認できないことだ。ソフトを売ろうと思えば、ソースコードを提供するわけにはいかないのである。

ソースコードを公開するソフトを増やしていくためにストールマンはGPL(General Public License)すなわち一般公開使用許諾書というライセンスの方式を考案した。GPLで公開したソースコードは誰でも自由に利用、改変できるが、それによって開発したソフトもまたGPLで提供しなければならないという縛りをかけることにしたのである。フリーソフトウェアによって恩恵を受けた人は、自分がそれを用いて作ったソフトもまたフリーソフトウェアにしなければならない、それが嫌なら、商用ソフトウェアをロイヤリティを支払って使う選択をしなさい、というわけだ。

このライセンスの仕組みによって、フリーソフトウェアの商用ソフトウェアへの転用、ただ乗りはブロックされ、フリーソフトウェアはUnixを中心に商用ソフトウェアに匹敵するほどの果実をコンピュータ・コミュニティにもたらすことになった。

フリーソフトウェアの開発に貢献するプログラマは多い。とくに欧米ではそれは一種のプログラマのステイタスにさえなっている。彼らは、学生であったり、ウイークデイの日中はどこかのコンピュータ会社で商用ソフトウェアの開発の仕事をしているが、自分のプライベートな時間はフリーソフトウェアの開発に参加しているプロのプログラマであったりする。

ストールマンは次のように書いている。

> 私は、GNUに目を輝かせ、支援を申し出る他の多くのプログラマに出会った。
> 多くのプログラマは、システムソフトウェアの商業主義に不満を感じている。商業主義は彼らにより多くの儲けを与えるかもしれないが、他のプログラマ一般を仲間というよりも敵ととらえることを強いる。プログラマの友情を成立させるための基本行動は、プログラムを共有することだが、現在の販売メカニズムは、一般に、プログラマがほかのプログラマを友として扱うことを禁止するように働いている。
> ［ストールマン 2002/2003：58］

ストールマンは、カリスマ的リーダーらしくフリーソフト・プログラマの志を美しく表現している。だがもっとクールな分析を提示する人もいる。ハッカーにして「ハッカー文化の人類学者」を名乗るエリック・レイモンドである。彼は「ノウアスフィアの開墾」という興味深い論文を発表している。

ちなみに、日本のメディアでは、海賊行為、破壊行為、ウイルス撒き散らし行為などを企てる〝クラッカー〟を〝ハッカー〟と呼んでいるが、それは誤った使い方だ。ハッカーを名乗れるのは創造的な仕事をする腕の良いフリーソフト・プログラマだけである。クラッカーもハッカーを名乗るかもしれないが、電子情報市民社会は彼らをけっしてハッカーとは認めない。

ハッカー・コミュニティには、「自由に再配布ができて、ニーズの変化に対応して自由に発展・変更できるソフトウェア」を、競い合いつつ、協力しあいつつ、作っていくことを良きこととする思想へのコミットメントの強さと、企業の利益保護のためにソースコードを秘匿したり、オープンな規格を尊重せずに独自規格を作り、それをブラックボックスに入れてマーケットシェアを取ろうとする企業行動への批判の強さにおいて、ラディカルな立場を取る人々と、比較的許容的な立場を取る人々がいる。ストールマン率いるＦＳＦが反商業主義の急先鋒であったとすれば、最近のLinuxを中心とするオープンソース・ソフトの流れはソフトウェア・ビジネスに対してずっと柔軟な考え方を示している。

だがそうした思想上の偏差を超えて、ハッカーたちの「所有」にかかわる行動様式は驚くほど共通しているとレイモンドは指摘する。

レイモンドは、フリーソフト・プロジェクトの「所有権」を獲得するには三つの方法があるという。第一の方法は、自分でプロジェクトを始めそのプロジェクトのリーダーになることである。第二の方法は、プロジェクトの「所有者」からプロジェクト・リーダーを継承することだ。いわゆるバトンタッチであり、大きなプロジェクトの場合、「こういうコントロールの引き継ぎは一般に派手なファンファーレつきでアナウンスされている」。第三の方法は、活動を中止したプロジェクトまたは休眠したプロジェクトの拾得である。

そしてレイモンドは、「ハッカーたちが暗に主張している所有理論は、英米慣習法における土地所有権の理論とほとんどまったく同じ」だという。この理論では、土地の所有権を獲得する方法はやはり同じように三つあり、第一は未開の地の開墾によって、第二は所有権の委譲によって、第三は遺棄された土地の専有によってである。

評判ゲームにもとづく贈与文化

こうした所有権のルールが慣習的に尊重されているのは、ハッカーたちが求めているのが仲間内での評判だからである。ハッカーたちはプロジェクトという贈与の見返りに評判を得ようとして行動している。だからプロジェクトが誰のものか、誰がどのプロジェクトにどれだけ貢献しているかがとても重要になる。

> 贈与の文化では、社会的なステイタスはその人がなにをコントロールしているかではなく、その人がなにをあげてしまうかで決まる。億万長者は派手にフィランソロフィー活動をして、しかもそれをひけらかすのが通例だ。そしてハッカーたちは、長時間の労力をそそいで、高品質のオープンソース・ソフトをつくる。
>
> ［レイモンド 1998/2000］

なぜ仲間内の評判や名声を追求するのか。

レイモンドは、「仲間内のよい評判はそれ自体が重要な報酬だからだ」といい、さらに、「第二に、名声は他人の注目を集めて協力を得るのにすごく有効な方法だ」という。そして「第三に、もし贈与経済が交換経済や上意下達方式と接触していたり混じり合ったりしていた場合にも、評判がそっちに持ち越されて、もっと高い地位を得る役にたつかもしれない」とも述べる。

彼は、このコミュニティには犯してはならない三つのタブーがあるという。第一はプロジェクトを分裂させる行為、第二は非公式パッチ(修正)を勝手に流す行為、第三は、こっそり誰かの名前をプロジェクトの貢献者のリストから削除する行為である。この三つのタブーは、ハッカーたちが追求しているのが「評判」以外のなにものでもないことを雄弁に物語っている。

プロジェクトの分裂がタブーなのは、分裂によってプロジェクトの開発力が減少すると、プロジェクトの評価や威信が低下し、ひいてはこれまでそのプロジェクトに貢献してきた人々の評価や威信も低下するからだ。非公式パッチを配布するのがいけないのは、名前は同じでも仕様や動作の違うソフトウェアが混在することや、非公式パッチにありがちな品質の悪さによりプロジェクト全体の評判が落ちることになりがちだからである。貢献者のリストから誰かの名前を削除するのが犯罪的な行為とされるのは、貢献と名誉がなにより重んじられる文化だからである。

ただし彼はこれらのタブーの最初の二つは、評判ゲームという仮説を用いなくてもいくらかは説明できるという。すなわち分裂は開発力の低下を招くのが常だからという説明と、非公式パッチが出回ると、プロジェクトリーダーの負担が大きくなりすぎるという説明である。だが、タブーが破られたときの人々の激しい感情はこれでは説明できない。そして、第三のタブーについての説明は「評判ゲーム」という仮説を抜きにしては不可能であると彼は断言する。

レイモンドのこの論考は最後に注目すべき大胆な予測で締めくくられている。すなわち、評判ゲームにより駆動される贈与文化は、じつは高品質で創造的な共同作業を促す最適な方法なのかもしれず、したがって、資本主義が十分発展して、多くのプログラマが生活を心配せずに評判ゲームに心置きなく熱中できるだけの余剰ができるようになると、ソフト生産の産業資本主義様式は評判ゲーム型の生産に敗北することになるかもしれない、というものだ。

それでも商用ソフトも作る

以上が彼の主張である。

このフリーソフトウェアの開発モデルを支援技術にも使えないかと考えることがある。小さなソフトであれば、それは可能だが、スクリーンリーダーやブラウザのような膨大な工数を必要とするソフトに使えるかどうかとなるといつも答えはノーだった。

プログラマは、評価されるものを作りたい。たしかに、優れたスクリーンリーダーを作れば評価される。だが、評価は視覚障害者のコミュニティ内に限定され、一般に知られることはない。

同時にプログラマは、作っていておもしろいものを作りたい。いくら評価が得られるとしても、作っていて面白くないものは作れない。私は、スクリーンリーダーといい音声ブラウザといい、作っていてこれほどおもしろいソフトはないと思っている。だがこのおもしろさを共有してくれるプログラマがどれだけいるかとなると疑問だ。自分が使わないソフトを作っておもしろいと思う人は多くないのではないか。

それに、かなり特殊な技術が必要になる。気持ちはあっても、技術がないと貢献できないということもある。さらに、一人ひとりが貢献できる労働は商用ソフトに比べればどうしたって減少するから、多くのプログラマが少しずつコードを書くことになる。プロジェクトリーダー、つまり私の負担はずっと重くなる。

そのような理由で私は、一方では、販売収入によって開発をおこなう商用ソフトの開発モデルを採用している。他方では公的セクターからの開発助成を受けて、外注先とともに開発をおこない、無償でユーザに開発ソフトを提供するという二つのアプローチを併用している。ソースコードの公開については、公的セクターから助成を受けたソフトについては、フリーソフトにする準備をしているが、商用ソフトについてはソースコードを隠しつづけるつもりである。

正直いうと、私は、商用ソフトがそんなに嫌いなわけではない。自分の作った物が売れるとうれしい。収入になるからというのももちろんあるが、それよりも、自分が作った物をわざわざ人様が高いお金を出して買ってくださることがうれしいのだ。だからそういうユーザへのサポートはなにをおいても優先する。お金を支払ったのだから、客は満足する権利があり、私は客に買ってよかったと思ってもらうように最善の努力をする義務がある。そうした義務感を自分が感じつつ仕事ができるのが喜びなのである。

私がソフト作りが好きな理由はたくさんあるが、なんといっても自分の労働が正しく報われるからだ。がんばったらがんばっただけの結果がすぐに返ってくる。そういうのは貴重なことだ。社会のなかで生きていると、過小評価されたり、過大評価されたりということがあまりにも多い。どちらも私には不愉快なことだ。

＊

私は自分の考えを深め、他者に語りかけるために社会学を学んできた。そして、そこで得ることのできた知識や思考法や磨きえたセンスを生かして、仲間と障害学を立ち上げてきた。しかし、私の拙い言葉に他者を動かす力があるかどうか、ほんとうのところはわからない。私は社会学者としてどのような貢献ができているのか、それをはっきり自己評価することはできない。私の社会学者としての仕事は、じわっと役にたっているかもしれないが、いかにもおぼつかない。

社会も他者も自分も、なかなか変わりはしない。運動は、気の長い人でないと続かない。私は気が短いので、すぐに結果が欲しい。そういう性分だから、道具作りは性にあっていると思う。

昨日までできなかったことが今日はできる、今日はできないことが明日にはできるかもしれないという喜びや希望は、私にはとても重要なものだ。それは失った機能をとりもどしたいというのとは同じではない。障害を克服したいのでもない。ただたんに自分でできるというのが心地よいのである。

私がもっとも気持ちよい瞬間は、日差しや風を体に感じながら、通いなれた道を、足どりも軽く、一人で、歩いているときだ。本当は、杖などなしに、荷物を持たずに、身も軽く、颯爽と歩きたいが、颯爽と歩けてしまうと、自分をよく見せようとする余計な気持ちが混ざりこんでしまうだろう。だから私の場合はいまぐらいがちょうどいい。

2003年秋、東京・本郷通りにて。

第2章
寛容の身振りの先にあるもの

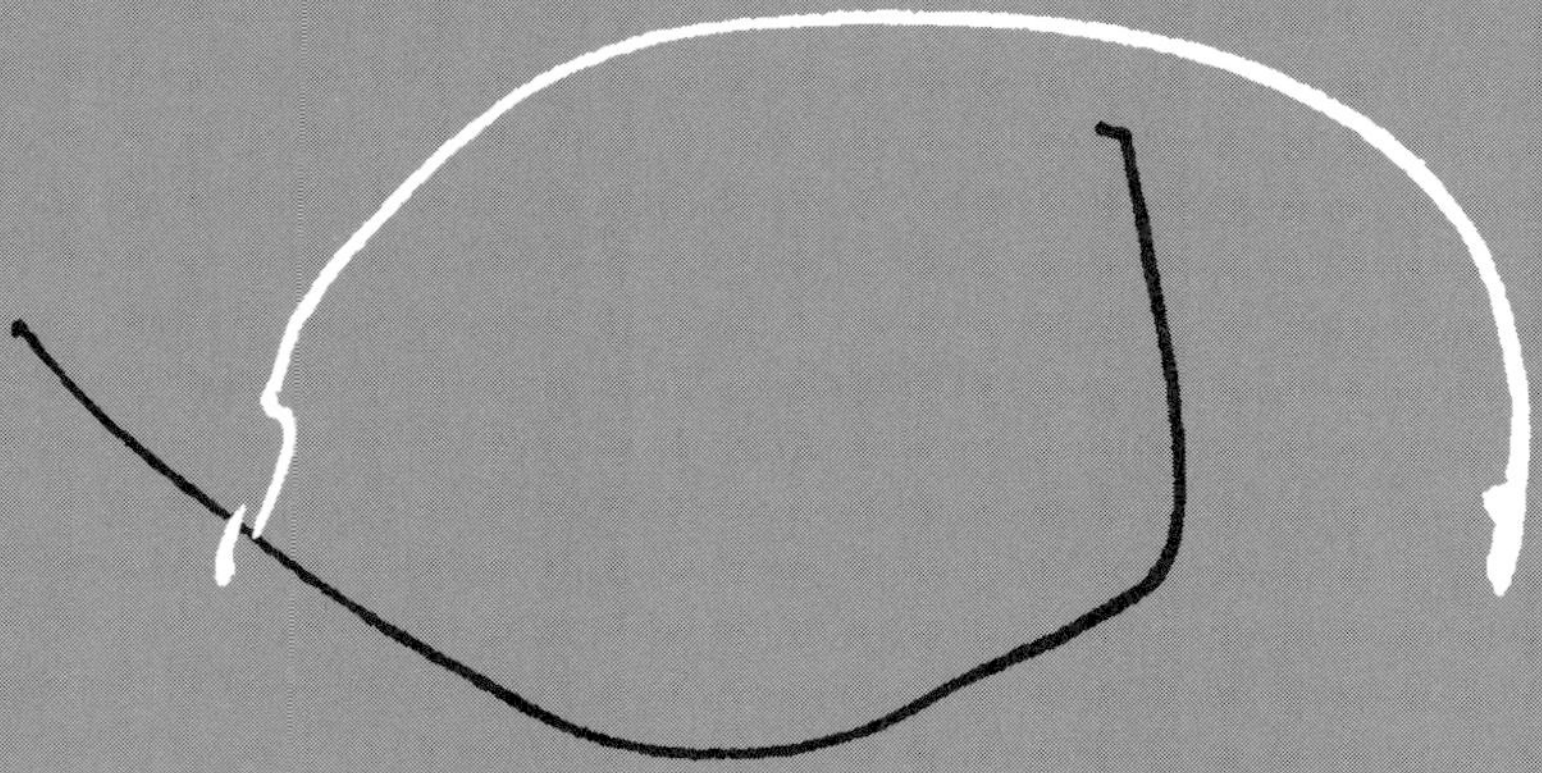

1 センサーと引き金

嬉しいような悲しいような

考えてみれば、感情は不思議なものだ。なぜ人には感情というものが備わっているのだろう。感情の機能について素朴な分析から始めてみる。

感情は環境の変化をすばやく認知してすかさず反応するための仕組み、つまりセンサーと、行動の〝引き金〟と考えることができる。たとえば、危険を認知すると「怖い」という感情が引き起こされ、それが引き金になって猛然と「逃げ出す」という行為が起きる。危険は認知していたとしても、怖いという気持ちが起きなければ、人はその場からなかなか逃げようとはしない。少なくとも感情というセンサーが機能しない人は、センサーが機能する人より、事件や事故に巻き込まれる確率が高いのではないか。また事件や事故に巻き込まれたときにも、逃げ遅れる確率が高いのではないか。

9・11のあの事件でも、世界貿易センターにいた人々のうちで、より強く恐怖を感じた人ほど、生き延びられたということもあったかもしれない。怖いと感じてしまえば、上司としての義務とか、他者への配慮とか、会社の利益の保全とか、そんなことは考えずに、最速の避難行動を起こすことができるが、恐怖という感情が起動しなければ、人は危険な状況により長く踏みとどまってしまう可能性がある。それはほんの数秒の出遅れであり逡巡であるかもしれない。しかし、その出遅れや逡巡が生死を分けることさえある。

一方、幼い子どもが転落死する事故がときおり起きるのは、状況を危険と認知できないからであって、恐怖という感情を欠いているからではない。人は成長とともに、より多くの、あるいはより複雑な、またはより微妙な状況の意味を認知し、それだけ多くの状況で感情を起動させている。

感情がセンサーであり行動への引き金だとしたら、次のように考えることもできる。単純な環境においては、感情はたいへん機能的な仕組みだけれども、複雑な状況ではもっと冷静に、合理的に判断していかに行動すべきかを決めて選択していくほうが個体の生存にとって都合がいいのではないかという、感情は人の生存や利益にとって、アンビバレントなもの、ようするに痛し痒しのものだという考え方である。さらに極論すれば、複雑きわまりない現代社会においては、感情は不要なものだとか、有害でさえあるというように言うこともできるだろう。

たしかに、激しい悲しみや喪失感、怒りや嫉妬に陥ると、しばしば人は自分をコントロールすることがむずかしくなる。下手をすると自己破壊や他者への暴力を引き起こす危険なものでもある。そんなときは、感情などないほうがよっぽど楽だ、と思わず叫びたくなる。冷静になってからも、感情などはないほうがよいと真剣に思うこともある。しかし、感情というセンサーは、自由にオンにしたりオフにしたりできるような装置ではない。私たちは否応なく感情とつきあっていかなければならない。

それだけでなく、感情というものがあるから私たちはたしかに生きているという実感を味わいえている。悲しみや寂しさ、悔恨に苛まれたりするのは感情があるからだが、感情がなければ喜びや幸福感に満たされることもない。生きているという実感もない。もちろん誰しも、悲しみや寂しさは少なく、喜びや幸福感の多い人生をおくりたいと願うわけだが、そんなうまい話はおそらくない。きっと悲しみや寂しさの経験は、深い喜びや幸福感を味わうための必要条件なのだ。

人間とアンドロイドの違い

感情は人間らしいものだとみなされてきた。このため、人間と人間以外のもの——宇宙人やアンドロイド（人間そっくりのロボット）——の違いとして、人間には感情があるが人間以外のものにはそれがない、ここが決定的な違いなのだとよく言われる。

たとえば、一九六〇年代に放映が開始された、かの初代『スタートレック』には、USSエンタープライズ船医のマッコイ医師と、副長のミスター・スポックという好対照の人物が登場する。マッコイ医師は、いつも頭から湯気を出し、ずけずけものを言う感情的な人物である。マッコイは何かというと副長のスポックにからみ、からかう。いつも平然としているスポックの態度がおもしろくないらしい。さらにマッコイは船長であるジェームズ・カークにも遠慮しない。階級も職分も無視して乱暴な口をきき、船長の判断を批判する。

とはいえ、マッコイは口こそ悪いものの、吠えるばかりで嚙みつかない。彼は優しさや愛というような感情があることが地球人の地球人たる由縁であって、それが地球人のすばらしさなのだと熱っぽく語る。

一方ミスター・スポックは、尖った耳と緑色の血液をもつヴァルカン星人である。

スポックは、ヴァルカン星人である自分は論理至上主義者であり、感情などという原始的で非合理的な作用とは無縁であると言い、地球人は原始的な生物だ、とマッコイをからかうシーンがよく出てきたものだ。しかし、じつは、スポック副長はヴァルカン星人と地球人のハーフであり、本人はいつも合理的なつもりなのだが、ほんとうは共感できる人であると描かれている。スポックは感情などもっていないといいばっているが、それは真実ではなく、むしろ演出だということがときおり示唆される。

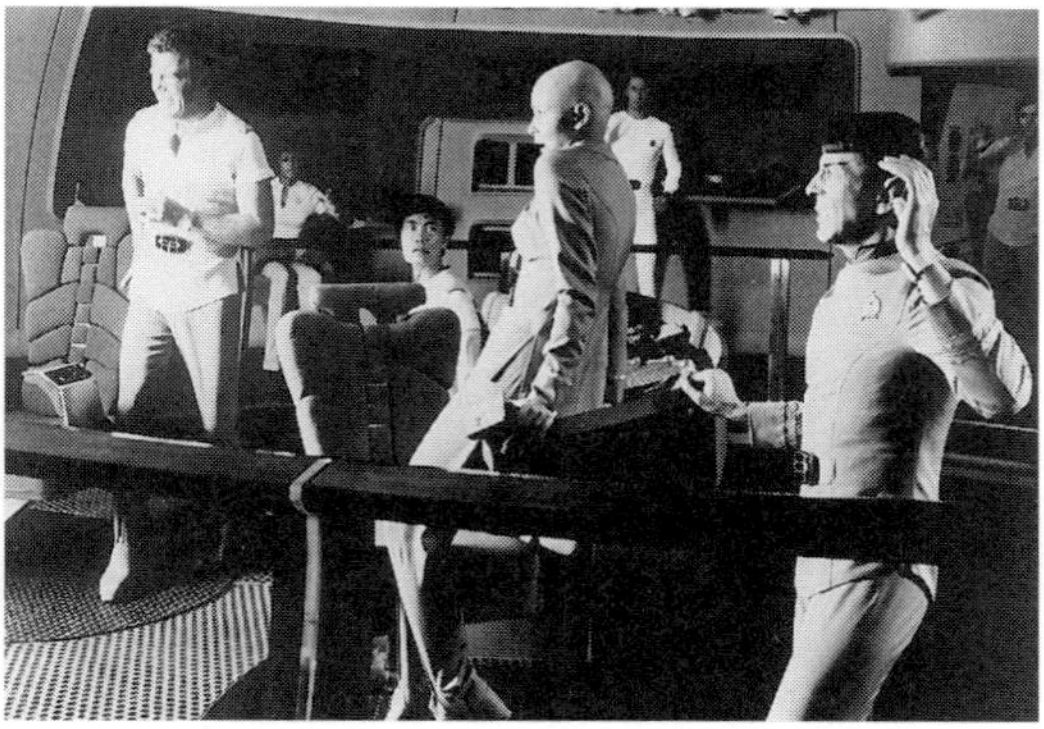

USS エンタープライズ号の船内。右端がミスター・スポック。写真協力：㈶川喜多記念映画文化財団

彼はたしかに感情を味わっているし、有効に活用してもいる。けれどもふだんは、それを表に出さないようにしているのである。

このように宇宙人、アンドロイドは、人間から感情を差し引いたものとして描かれてきた。あるいは、人間は、宇宙人、アンドロイドに少なくとも感情を加えた存在として描かれてきた。だが最近では、スピルバーグ監督とキューブリック監督の『A.I.』のように、人を愛するロボットを主人公とする作品も現れている。また今日のロボット工学においてもあたかも感情があるかのように反応するロボットが開発されている。

いや、忘れていた。そんなものよりずっと前に私たちは感情をもったロボットをよく知っている。二二世紀からのび太君をしっかりさせるためにやってきたドラえもんだ。いやそうではない。ドラえもんと知名度を二分するあのロボットがずっと前からいるではないか。鉄腕アトムだ。日本のロボットは最初から感情をもつ人間的な存在として描かれてきた。

理性の優越、感情の蔑視

こうして、感情は人間を人間たらしめる本質的な特徴の一つとして肯定的に語られる一方で、他方、感情はひどく蔑視されていたのだという話もある。西欧近代においては、感情は公共領域から閉め出され、私的領域、プライベートな領域に幽閉され、「理性の優越、感情の蔑視」という二項対立が構築されたという説である。

そして次のようにいわれる。公共領域から閉め出した人々に向かって、感情的だというレッテル貼りがなされるようになっていった。その典型は女性であるが、白人成人男性以外の人々には、たえずこの「感情的」というレッテルが貼られてきた。東洋人もアフリカ人も子どもも感情的だというように。感情に関する言説としてはこちらの流れのほうが本流だ。

ところが、最近のメンズリブの立場からは、「親密な感情世界から男たちは自らを遠ざけてしまった結果、感情に対してある種の嫉妬やルサンチマン(恨み)を感じてさえいる。男たちは十分に感情を感じられなくなっており、その挙げ句に感情を蔑視している。だから男たちは豊かな感情経験の取り戻しをやらなくてはいけない」というようなことが言われたりもしている。

「感情管理」とは、自分を感情規則に従わせる技術である

社会には、どのような状況で、どのように感じるのが適切なのかについてのルール、ガイドラインがある。このルールを「感情規則」という。私たちはこの感情規則を参照しつつ、自分の感情を管理する。適切に感情を感じられない場合には、私たちはそのことに対して当惑したり、罪の意識や恥の意識を感じたりする。なんとかして、感じなければならない感情を感じるように努力する。

逆にその場で適切であるような感情を感じられたときには安堵する。こういう規則があると、われわれは秩序へと引き戻される。感情規則は、社会の秩序を維持するために機能しているということになる。

適切に感じるように自分をコントロールすることを「感情管理」という。感情管理は、感情規則から図らずも逸脱してしまった場合に速やかに秩序の側に復帰するためになされる。と同時に、あらかじめ感情規則に従うべく、あるいは感情規則を構築するために先手を打ってなされるものでもある。

人は通常、悲しむべきときに悲しみ、喜ぶべきときに喜び、憤るべきときに憤ることができる。だが、ときには自分の感情あるいは没感情を、逸脱していると認めることがある。あるいは自分の感情表現を受け取った他者から自分の感情あるいは没感情を不適切だとクレームされ、それを認めることがある。自己自身による評価や他者のクレームが利用する言説が「感情規則」であり、自己の感情を適切なものへと変異させるために用いられる技術が「感情管理」である。

「感情ワーク」とは、私的状況における感情管理である

感情管理をここではやや図式的に「感情ワーク」と「感情労働」に分けて説明する。

まず感情ワークとは、私的な他者との関係において、他者とのあいだに親密な関係を維持したり促進するためにおこなわれる感情管理である。これは、他者とのあいだに親密な関係を作っていくために、自分の感情、あるいは他者の感情に働きかけることだ。

積極的な感情ワークは女性によって実践されることが多い。たとえば、笑顔をたやさない、よく笑う、恋人に抱きつく、話をよくする、パートナーをほめる、パートナーの失敗をとがめない、相手を過

大評価して自分を過小評価する、激励したり慰めたりする、オルガズムを擬装する……というような気の配りようだ。こうした積極的な感情ワークは効果的な贈り物である。ただ、女性の感情ワークは、同性の前での態度とのあいだに明らかな違いが認められると、コケティッシュな身振りと解釈され、同性から嫌われることもある。演技力で異性から好かれようとするのはフェアでないとされるのだ。

男性も感情ワークをしないわけではないが、それはどちらかといえば、仕事の悩みなどをプライベートに持ち込まない、愚痴をこぼさない、弱音を吐かないというように、否定的な感情を押し殺したり、抑圧したり、それを示さないようにするという消極的な感情ワークだ。しかし、泣いたりしてはいけない、弱音を吐いてはいけない、怯えてはいけないという感情ワークは、親密な関係を深めていくのに役に立つとはいえず、かえって、自分の感情を開示せず、コアの部分を見せないことで、親密さが深まらないということもしばしば起きる。女が謎なのではなく男こそ謎というわけだ。

感情を隠さなければならないことはある。競争ゲームでは、競争相手の計画や意図をいち早く察知して、相手の手に乗らないように回避したり、相手の計画を逆用できるかどうかで勝ち負けが決まる。自分の考えを見破られないように、感情を隠したり偽ったりすることも勝負に勝つためには大切なことだ。感情を制御できない弱さゆえに、みずからの心情を見抜かれる人間は他者から操作される立場となり、ゲームの敗者となる。だから競争ゲームに勝つために人々は感情の動きを隠しつつ、迫真の表層演技を操る「役者」となる。

ポーカーフェイスという言葉があるが、あれはまさにこれだ。感情を表に出してはポーカーに勝てないから、どんなにいい手が来ても喜ばない、どんなにひどい手が来てもがっかりしない。常に無表情で同じように振る舞う。このように、競争的なゲームでは、心の動きを見せないのが鉄則だ。自分が不利になるような情報を相手に与える者は敗者となる。しかし、人は自分の気持ちの動きを完全に消すことはできない。自分では意識していなくとも、どこかで、微かな期待や不安や失望や怒りを表出してしまう。それを他者は見破ろうと五感を総動員する。

競争的な関係であればこれは仕方のないことだろう。しかし、親密な関係を作っていこうとする場合には、それでは関係の距離は縮まらない。相手の表現からは相手の気持ちは推し量れない、私も私の気持ちを行為のなかに伝えようとしないということだから、お互いに何を思っているのかわからず、相手の気持ちを信じることができない。

これでは寂しい。

だからこそ、親密な関係や私的な領域では、感情を誠実に、正直に表現することが求められる。「気持ちを正直に表現すべし」というルールだ。しかしそれは、同時になんらかの危険を孕んでもいる。無防備でもあり、つけこまれる可能性、騙される可能性がある。だからこそ、人は感情を管理することを止めない。

「感情労働」とは、職務として求められる感情管理である

次に、感情管理が私的領域を超え、公共の場でも要求されている現象について見てみる。

職務として求められ、遂行される感情管理のことを「感情労働」と呼ぶ。感情労働は交換価値を持つため、労働市場において取り引きされている。とくに接客、医療、看護、教育などの対人サービスの領域で、自覚的、非自覚的に広範におこなわれる。現代社会は、感情の商品化、すなわち感情の売買を組織的かつ広範に推し進める社会であるという意味では過去に類をみない社会である。だが、感情の商品化自体は資本主義の進展とともにしだいに高度化してきた長い歴史をもつ。

アリー・ホックシールドによれば、一九世紀の工場労働者たちは肉体を酷使されたが、今日の接客労

働者たちは感情を酷使されているという。感情が商品となることが発見されて以来、感情労働者は自分の心を売るように求められるようになった。ここで求められる感情管理は表現の管理、つまり印象操作にとどまらない。労働者に求められているのは作り物の笑顔や感情移入の身振りではなく、本物の気持ちである。したがって感情管理はより深いレベル、つまり感情自体の管理に踏み込まざるをえない。

人を感情労働者に仕立てることが可能なのは、もともと人にはみずからの感情を「適切」な方向に管理していく能力が備わっているからである。ホックシールドは、人は適切に振る舞おうとする――「表層演技 surface acting」――だけでなく、適切に感じることができる――「深層演技 deep acting」――と主張する。

人が日常的な文脈でおこなう感情管理は、みずからが準拠する感情規則への自発的な同調である。たとえ女性や男性を感じる主体へと規律化する権力が働いているとしても、ひとまずは自分のための感情管理である。だが、感情労働は職業的に要請されるタスクである。公的な場における他者との相互作用を、私的な交わりとして体験し表現するという労働である。

同一化か、距離化か

感情労働者たちは職務に対して二つの方向のいずれか、あるいは両方で適応しようとする。

第一の方向は、職務への「同一化」である。要求される感情労働を心からの感情として体験しようとする適応である。この種の適応をおこなう感情労働者は、自分の感情労働を演技とは意識しない。彼女／彼らは、職務に同一化したことに気づかない。会社に向けられる苦情や非難を自分に対するものであるかのように受け止め、その結果、大きなストレスを感じる可能性があり、あげくは感情麻痺を起こしてしまうことにもなる。

感情麻痺とは、感情が十分に機能しなくなる状態のことである。私的な感情世界と職業的感情労働をうまく切り離せない感情労働者は、感情のセンサーの感度を全体的に下げることでストレスに対処する。しかし、感じ取る能力を失うとき、人は感情を体験することができなくなるとともに、まわりの物事を解釈するための重要なセンサーをも失ってしまう。一心不乱に仕事に献身し、そのため燃え尽きてしまう危険があるということだ。

第二の方向は、自分自身を職務から切り離す、職務からの「距離化」である。経験を積んだ多くの感情労働者たちは、職務への過度な同一化がもたらす自分への負荷を熟知し、自分自身と職務における自分の役割とを区別するように努める。具体的には自分の時間と場所を確保するように工夫する。彼女／彼らははっきり自分が演技しているときとそうでないときを自身のなかで明確にさせる。

深層演技や表層演技が、「自分自身のもの」であるときと、それがたんに商業的ショーの一部分にすぎないときとを忘れないようにするためにこうした工夫をしているのだが、感情労働の構造をとらえるマクロな視点をもたない場合は、こうした適応は感情労働者に、低自尊心、自己嫌悪、罪悪感をもたらす危険がある。ふてくされつつも「自分は不誠実なペテン師だ」という自己嫌悪を募らせる危険がある。つまり感情労働の「不誠実さ」をひとりで引き受けさせられることになりかねないのである。感情労働は、自分と自分の感情への疑いをもたらす。私の職務とはいったい何であり、「私」とは何であるのか、と。

これら二つの適応が、ほどほどのところで反転するのであれば問題ない。すなわち同一化に近づくと距離化へと反転し、距離化が進むと同一化方向へと再度反転するのであればよい。この反復によって感情労働者は職務上の感情規則とのあいだに適切な距離をとり、自分を確保できる。だが反転することができずに、同一化しすぎると燃え尽きてしまう可能性が高まり、距離化が成功しすぎると、強い低自尊心にとりつかれる危険が高いのだと考えられる。

ホックシールドはこうした感情労働の主たる担い手は女性であるといい、労働のジェンダー化という観点からも感情労働に注目している。社会が、感情労働を主に女性というジェンダーに担わせているのは、女性に「感情的な生き物」となるべく「感情教育」を執拗に与えてきた長い歴史があり、そのため「実際に」男性より高い感情管理能力を有するようになったからだ。しかしもちろんそればかりでなく、感情労働は、「感情教育」の実習の現場であり、同時に女性には労働より感情がふさわしいとする社会の家父長的ジェンダー規範の正当性の証明という「感情政治」の実行の現場でもあると考えられる。この意味では、まったく隔たっているように見える女性の二つの「仕事」、客室乗務員とセックス産業に従事するセックス・ワーカーのあいだには明確な共通性があるということもできる。

＊

今日生きている誰もが、自分の感情をモニターしながら、適切であるかどうかを判断して、適切でなければそれを変えていこうとする感情管理をおこなっている。しかし、そのようにして、感情を管理したり操作したり、感情ワークや感情労働をおこなうことを日々繰り返していると、自分の感情が適切か不適切かわからないというだけでなく、本物か演出されたものかどうかもわからなくなってしまう。つまり本来性の感覚、本物であるという感覚が失われていく。本当に愛しているのか、愛そうと努力しているのか、愛していることを演じているのかがわからなくなってしまう。

少なくとも親密な関係においては、本物でない感情を体験したり表出することは不誠実とされ、適切でない感情を体験したり表出することは信頼を失うとされ、本物でかつ適切な感情を実感し表現するように求められる。だが、そのような感情を実感できないことがある。そうなれば感情管理を作動させなければならない。しかし、適切かつ本物の感情を生成するために感情管理という作為や努力をおこなうことは誠実なことではない。本物は「天然」でなければならず、「人工」の本物はない。

こうして感情管理は無限ループしながら人々の心のリソースを食い尽くしていく。これでは救いはない。どこに救いはあるのか。

これから、そのことを考えていこう。

2 感情労働者たち

泣き屋と笑い屋▼葬儀の演出者

感情労働について考察を進める前に、少し具体的に感情労働のイメージを広げてみる。まず、松浦理英子の『葬儀の日』という小説に出てくる、泣き屋と笑い屋のことを紹介する。

この小説は岡原正幸の『ホモ・アフェクトス』において引用されており、私は興味を抱いて読んでみたのだが、これがじつに皮肉たっぷりなのだ。この小説は、泣き屋を仕事としている若い女性が一人称で語るというスタイルを採用している。彼女は、喪主に雇われて葬式に出て行っては自分の感情とは関係なく号泣し、葬式の悲しみを盛り上げることを仕事とする泣き屋だ。作家は、泣き屋に、「自分は泣きの名手として仲間内からも評判が高い。私が泣けばみんな泣く。それは死者への侮辱ではないかと言われるけれども、それは喪主が考えることであって自分は仕事としてやっている」と語らせる。

この小説にはさらに笑い屋も出てくる。笑い屋というのは、葬式の欺瞞性を我慢できない喪主が、皮肉な演出として雇う人だそうだ。葬式に参列して泣かない人でも、葬式で笑う者がいると怒りを感じる。それが笑い屋を雇うねらいだというわけだ。

かつて中国でも朝鮮でも日本でも、泣き屋は実在していたし、葬式にはかかせない役者だった。故人の死を一人でも多くの人が悼み、号泣する盛大な葬式を執りおこなうことが喪主の願いであり、存在証明であった。一方笑い屋はさすがにフィクションだ。笑い屋を雇う喪主が存在したとは思えない。だが、このフィクションはおもしろい。感情労働のなんたるかを鋭く洞察した著者の感覚は見事だ。

昨日の葬式はとてもうまく行った。行き過ぎたくらいだった。私は極めて真に迫った泣きっぷりを見せ、それを見た参列者たちは充分悲しい気分をつくり出すことができたのである。もともと私は、仲間内でも、「泣き」の名手ということになっている。私の泣く姿を眼にすれば、大方の人が涙を誘われたものだ。私が単に商売で泣いている「泣き屋」に過ぎないとわかっていても。その私がこの道に入って以来の最上の出来映えだと認めるほどの首尾だった。呼気にまで高慢を含んでいるような、見るからに冷淡そうな人でさえ、絶頂時においては眉根を寄せ口を歪めた。喪主に至っては、私の涙の本物らしさに感激し、「こんなにうまい泣き屋がいるなんて」と言って、頰を震わせて手を差し出した。私の方は、思わず後ろに退き、眼を逸らしたいのを懸命にこらえ、一呼吸してようやく、咳混じりのひどいがらがら声で答えた、仕事ですから、と。この実利的でせっかくの雰囲気をぶち壊す言葉を聞いても、喪主は別に興醒めた顔もせず、皺くちゃのネクタイで顔を拭きながら歩いて行った。そんな風に私は泣いて見せたのである。

今日の私はいくらか疲れている。でも仕事があれば行かねばならない。いつでもどこでも、どんな状態であろうとも、私たち泣き屋は泣く。自分の感情とはかかわりなく。何故ならお金を貰うのだから。それが不自然なことだとか、死者への侮辱であるとかいうことは、雇う側の喪主が考えるべきことで、私たちはただ葬式の悲しみを盛り上げるという務めを果たせばよい。今日の私はいくらか疲れている。そして行かねばならない。私でなければ駄目な仕事があるのだ。……

昨日の葬式に「笑い屋」は来なかった。葬式という行事が本質的にもつ欺瞞が我慢できない喪主が、皮肉な演出として時折呼ぶのが笑い屋である。悲しみの情に動かされない人でも、葬式の席で笑うような不謹慎な者に対しては、怒りを掻き立てられ感情を露わにせずにはいられない。泣かせるにせよ怒らせるにせよ、要は人々を煽ることが目的なのである。その職業の人々は、私たち泣き屋が泣いてお金を貰うのと同様、笑ってお金を貰う。泣き屋と笑い屋を同時に呼んで異様に作為的な情景をつくり、薄笑いを浮かべてそれを眺めるこの上なく皮肉な演出家もいる。

［松浦理英子 1993：9］

私は留学中のある出来事を思い出す。ある日、大学院の同級生が学生寮で変死した。自殺だとされたが真相はわからない。アメリカ人の同級生たちは、葬式に参列すべく、長距離バスで彼女の実家のある南部の都市に向かおうとしていた。一方留学生たちは葬式には参列しないという。

「Ｊｕｎも葬式に行こうよ」と誘われた。だが、亡くなった彼女とはほとんど話をしたことがなかった私は、彼女の死に驚きはあったが悲しみはなかった。そういう者が葬式に参列するのは欺瞞的ではないかと思った。それにアメリカの葬式で喪服がいるかどうかさえ知らなかった私は、ＴシャツとジーンズでF参列するのは遺族に失礼なのではないかとも思った。参列すればよかったとあとで後悔したが、けっきょく私も大学に残った。

適切に感じられない者、適切に振る舞えないものは葬儀には参列すべきでないという礼儀を私は律儀に守ろうとしたのだが、そうであっても参列すべきなのが葬儀というものの「礼儀」だったのかもしれない。

次に、俳優という職業についてみよう。これも感情労働者だといってよい。俳優は自分以外の人間になるのが仕事だ。だがほんとうに他人になれるわけではない。他人の感情を体験できるはずなどない。その他人として体験する感情も感覚も意識の流れも思考もまさに、私のそれである。それでいて、俳優は、その別の人間にふさわしい感情を経験し、表現しなければならない。

二〇世紀の初頭にモスクワ芸術座を率いた演出家にして名優コンスタンチン・スタニスラフスキーの俳優術は、「スタニスラフスキー・システム」（メソッド演技）と言われ、いまもっともよく知られた演技メソッドである。スタニスラフスキー・システムにおいては、演技の表面でなく、役の根底的なものをいかにつかむかに重点が置かれる。ベテランの俳優が、長年苦闘し、試行錯誤しながらも、なおもつかめない演技の真髄を、俳優学校に通うような若い俳優の卵でも、短期間で理解し成長できるように、システマティックに懇切丁寧にまとめられている。

このシステムはのちにアメリカに渡りアクターズ・スタジオに受け継がれ、ロバート・デ・ニーロ、アル・パチーノ、マーロン・ブランド、ジャック・ニコルソンなど多くの名優を輩出することに貢献した。

感情表現のための方法として、スタニスラフスキーは「感情記憶」の活用を勧める。これは、自分の今まで体験してきた悲しみの経験、喜びのとき、恐怖の瞬間、悔しくてたまらない思い出、嫉妬に苛まれた日々の経験と記憶を舞台で想起して、役を演じるなかで自然に沸いてくる感情を増幅しようとする方法である。

たとえばシェイクスピア劇の俳優が、恐怖と絶望の中に罪を重ねてゆくマクベスの心の葛藤と孤独を演じなければならないとしよう。俳優は、自分の感情記憶のなかに、恐怖、絶望、葛藤、孤独の感情記憶を一挙に探す。そしてその記憶を想起することで役柄にふさわしい感情を起動する。

感情記憶という資源を蓄えるために、役者はさまざまな体験を、感情をともなって思い出さなくてはならない。「感情記憶を役者の財産と考えるべし」というのがスタニスラフスキーの教えである。ただし、注意しなければならないことがある。思い出すことで苦痛がよみがえってくるような記憶は抑圧されている。記憶の抑圧は、整理できないまま、受け入れられないままにおこなわれた記憶の封印である。だから、潜在意識に直接いどみかかることは危険であり、やってはならない。もっとも深い感情というのは、こちらへ穏やかにおびき寄せるにかぎる、とスタニスラフスキーは忠告する。

感情が他の印象深い出来事と強烈に結びついているときその感情は役者にとってもっとも貴重な資源となる。たとえばスタニスラフスキーは、年老いた乞食が路面電車にひき殺されたのを見たことを覚えている。だがそれよりも、往来で見た別の光景を悲しみの感情記憶とともに鮮明に覚えているという。

> ずっと以前のことであった――僕は歩道で死んだ猿に寄り添っているイタリア人に出逢った。彼は泣きながら、一片のオレンジの皮を猿の口に押しこもうとしていた。この光景は乞食の死以上に僕の感情を動かしたものらしい。その方が一層深く僕の記憶に埋められた。僕が街頭の事件を演じなければならないのであったら、僕は持役のための情緒的材料をその喜劇そのものより、死んだ猿を連れたイタリア人の光景の記憶のうちに捜すことだろうと思われる。
>
> ［スタニスラフスキー 1948/1951：231］

対人サービス従事者▼感じのよい演出、あるいは非演出の演出

次に航空機のフライトアテンダントやテーマパークのキャスト、つまり対人サービス産業で働く人たちの感情労働について考えてみる。

彼女らは、「あなたに会えてとても嬉しい」「もてなすことが楽しくてしかたがない」「どんな嫌な客にもキレたりしない」「オープンでフレンドリーな態度をいつもとる」ことが求められている。ステージ上で振る舞うオンの状態とステージから降りたオフの状態をうまく切り替えることによって、プロの接客労働者としてやっていくことができるように訓練される。

フライトアテンダントは、落ちついた態度と笑顔で客を歓待し、優雅に振る舞い、飛行の安全への自信を覗かせなければならない。いらだちや疲労を見せるのは禁物だし、プライベートな部分を出すのはタブーである。安全性、時間に正確なフライトであること、料金がリーズナブルであること、設備の快適さ、食事とともに、フライトアテンダントの制服、化粧、洗練された身のこなし、それに笑顔は航空会社にとっての最も重要な商品であることを彼女らは十分自覚している。

客のほうも、そこに演出があったり、感情管理というある種の操作があるということを了解しつつ、無愛想な天然自然の気持ちよりは、感じの良い演出された気持ちを望む。

演出されたものが嘘っぽいと感じて不快に思う相対的に少数の客は、より自然な、本物の気持ちが通い合うホスピタリティを求める。そういうニーズに対しては、接客サービスは、自然を演出することでこたえる。身近な例は民宿やペンションだろうし、エコツーリズムやグリーンツーリズムもそうだろう。しかし、客は演出された自然の匂いをそこにかぎとることがある。そうした客は、演出的でないものを求めることがある。こうした客に対応するのは、「非演出性の演出」となる。

ところで、フライトアテンダントは日本ではまだあこがれの職業の地位を保っているが、欧米では確実にブルーワーカー化している。私はエコノミークラスの客たちへの憎悪が彼女らにはあるのではないかとにらんでいる。「こいつらがいるから、私はブルーカラーのように働かなきゃいけないんだわ」というように。

違うだろうか。

彼女らにとっては、やはりファーストクラスのアテンドで海外に行くというのがこの仕事の誇りだ。友人の知りあいのフライトアテンダントなどは「これからパリへフライトで〜す」などと、自慢げに書いてくるそうだ。

かつてのフライトアテンダントの高い地位は、高価な飛行機という乗り物に乗れる乗客の地位によって保証されていたに過ぎない。だから、客がブルーワーカー化すればフライトアテンダントの価値もブルーワーカー化するのは当然だし、接客サービスの質が落ちるのも頷ける。

ところで、ディズニーランドではスタッフを「キャスト」と呼び、園内や店内を「オンステージ」、スタッフの控え室や倉庫を「バックステージ」と呼んでいることは、よく知られている。だから、キャストがオンステージで演技をするのは当然のことだと教えられ、これといった葛藤は生まれない。

ただこれは完璧な「場」が与えられて初めて実現することで、ディズニーのシステムだけを真似して、「場」が整っていないテーマパークやアミューズメントパークで同じことをしたら、感情労働をするスタッフにも葛藤が生まれるだろうし、客もさむいと感じてしまうだろう。

ディズニーでは、客もゲストを演じているし、スタッフがキャストを演じていることも知っているし、お互いにそれを演じきっても違和感がないだけのステージが用意されている。だからスタッフも客も不愉快な気持ちになることはない。

高級レストランで客にマナーを要求するのは、客層も限られていることもあり比較的簡単だが、ディズニーのようなあらゆる層の人間が訪れる場所で、客に感情労働をさせるというのは、じつはすごいことだといえるだろう。これがいまどきのフライトアテンダントとの大きな差なのかもしれない。

こう書いたら友人のHさんからメールがとどいた。

Hさんのメール。

フライトアテンダントはもはやブルーワーカーですよね。私が大学生のころ、既にフライトアテンダントは「空飛ぶウェイトレス」と呼ばれていました。航空会社に就職する子も、なんで？　という目で見られていました。

この人たちがいるからブルーカラーのように働かなくてはならない、という、エコノミークラスの客たちへの憎悪は実際にあると思います。

映画の『マイフェアレディ』で、言葉づかいや立居振舞を矯正され、花売り娘からレディに変身したオードリー・ヘップバーンが、「レディと花売り娘の違いは、どう振る舞うかではなく、どう扱われるかです」と怒るシーンがあるんです。

自分がいくらフライトアテンダントとしての訓練や教育を受けて上品に振る舞ったって、相手が私をそのように扱わなければ、ただの肉体労働者になってしまうという気持ちがあると思います。

ファーストクラスの客は、フライトアテンダントを尊重することで自分の社会的地位があることを証明するので、本心はともかく、表面的には嫌な思いはしなくてすみますものね。

ファーストクラスやビジネスクラスを利用する客の多くは仕事で飛行機に乗る、利用頻度の高い客である。当然各航空会社ともこの層へのサービスには最大限の配慮をする。

他方、エコノミークラスを利用する客のなかには、それが初めての海外旅行という人や、数年に一回しか飛行機を利用しない人も少なくない。したがってエコノミークラスの利用者と、ファーストクラスやビジネスクラスの利用者の比率は、座席の比率とは一致しない。客の大半は、エコノミークラスの客なのである。いいかえれば大半の客は、エコノミーでの接客経験しかない。だから航空会社の評判はエコノミークラスの客が握っているといってもよい。

航空会社が、ファーストクラスやビジネスクラスに経験豊かなフライトアテンダントを配置するのは当然だろう。しかしそれと同時に、エコノミークラスにも良質の感情労働ができるスタッフを配置しないと、評価は思わぬところから落ちることになる。

ホテルも、思わぬところで評判を落とすことがある。たとえばコーヒーラウンジだ。宿泊客やレストランの客に対する接客には万全を期すホテルでも、コーヒーラウンジには訓練不十分のスタッフを配置してしまうことがある。

コーヒーラウンジの利用者は、ある意味で航空機のエコノミークラスの利用者に似ている。宿泊をするわけでなく、ちょっと手軽にホテル気分を味わおうとコーヒーラウンジに入った人々は、コーヒーラウンジの体験を、そのホテルの利用経験にまで拡大して語りがちである。コーヒーラウンジの利用は手軽であるだけにその利用者の総数は多くなり、この人々がホテルの評判を左右することにもなる。

看護師▼実現不可能な要請に引き裂かれた感情労働者

次に看護師、彼女らもまた感情労働者である。しかも対人接客サービスの感情労働者とは比べ物にならないような困難をかかえた感情労働者である。

看護師は、治療と病院内秩序の観点から患者の感情を制御する役割を担っている。患者は、不安になったり、焦ったり、苛立ったり、孤独だったり、恐怖を感じていたりする。それらの感情を取り除くことは、治療に入るための重要な下準備とされている。ドクターは多忙であり、技術職である、だから診察や治療をスムーズにおこなえるように患者の状態を整えておくのはナースの役割だとされ、患者の感情的ケアは当然ナースの仕事の範疇とされる。さらに看護師は、病院内秩序や権力構造の維持のために、医療や医師への敬意、信頼、治療への希望や自信を、積極的にデモンストレートしてみせることも期待されている。

対照的に医師は、看護師の陰に隠れて患者の感情に直接向き合うことを避けることがしばしばある。看護師を衝立てにして、患者の感情に直接曝されないようにしているのだ。しかも医師、とくに若い経験の少ない医師は、患者の感情から逃げるのみならず、自分の気持ちをコントロールできずに、患者をしかりつけたり、八つ当たりしたりすることさえある。看護師は、医師の機嫌にも気を配り、医師が苛立っていたり不機嫌だったりした場合には、医師の気持ちをなごませ、機嫌をなおすように務めるという役割も担っている。

看護師は特別な感情を特定の患者に対して抱いてはいけないとされる。だが、患者はとりわけ病気が深刻な場合ほど、自分に対しての特別な感情、本物の感情を看護師に対して求める。感情は、ハンバーガーのように、短時間でたくさんの数を調理し次々に提供するというようなことに馴染まないのだが、にもかかわらず、看護師の職場で求められているのはまさに「マクドナルド化」された感情ではないだろうか。均一的で、公平でなければいけない。特別であってはいけない。みんな同じでなくてはいけない。しかし、それらは同時にほんものの感情でなければならない。看護師への、本物で正しい感情を一人ひとりの患者に対して一人の人間としてずっと感じつづけなければならないという圧力は強い。けれどもそれはおよそ実現不可能な要請である。

感情労働者は、自分の感情表現に過度な演技や偽装を感じてしまうと、自分を不誠実と思う危険がある。それでも、元気な人たちを相手にしている接客業であれば、それはプロの技術として誇っていい、割り切ったらいいとして、深刻な問題は起きにくい。

しかし、看護という労働においては、そのような職業人としての自己とプライベートな自己を区別するのは著しく困難だ。なぜなら、それが死や病いや痛みという、人の根源的な苦悩と至近距離で向き合う仕事だからである。自分が担当していた患者が亡くなった日の日勤あけの夜に、いまはプライベートな時間なのだから割り切ればいいのだと思いつつも、恋人との語らいを楽しむ自分に自己嫌悪を感じてしまうかもしれない。

このように、プライベートでさえ看護師でなければならないのなら、仕事中に「正しくない感情」「適切でない感情」を抱きつづけていると、ボディブローのように効いてくる。

たとえば、患者が息を引き取る前は、医師も看護師も奔走する。それは救命のための最後の努力であり、また救命のためにすべての力を出しきっている身振りでもある。それは快感でさえあるだろう。患者が亡くなって家族が泣いている。そのすぐそばの控え室では、医師や看護師はある種の感情の高ぶりを味わう。それは、一つの命が燃焼し「終わった」ことへの荘厳な思いと、自分たちが仕事をひとつ「し終えた」という達成感の混ざり合った高ぶりかもしれない。そして、そのような達成感に高ぶっている自分に気づいて自己嫌悪するのではあるまいか。

看護師は、そうした要請から逸脱する自分、正しくもなければ優しくもない自分と向き合わなければならないのである。

看護が目的とするケアは、患者との全人格的なかかわりを要求する。その一方で、特定の患者に過度に感情移入してはいけないこと、冷静沈着であることを叩き込まれる。あまりに感情が高ぶってぼんやりしたり仕事に集中できなくなったりでもすれば、すぐに医療ミスに直結する。自分の感情をコントロールできずに医療という戦場を戦線離脱する看護師はプロとしては失格の烙印が押される。

こうした相反する感情規則は、看護師を追い詰める。よい看護師であろうとすると、挫折して疲労する。悪い看護師でもいいではないかと開き直ろうとしても、どうしても低自尊心を抱え込んでしまう。このような自責の念にとらわれないようにするため、防衛的に「感情消去」という態度をとる看護師も現れる。

鈍感にならなければ仕事ができない。そして、感情喪失におちいってしまう。あるいは感情鈍麻に気づきショックを受けセンサーの感度を最大に上げて再び患者と向き合おうとして疲労する。そうした反復に翻弄されることもある。

社会が、看護を担う人々に対して、患者への「本当の思いやり」を要請しつづける限り、看護師の苦悩はなくならない。この条件下では、看護師は、感情が揺さぶられても崩れない強さをもつか、感情が揺さぶられることをむしろ快と感じるような嗜好をもつ人でないとつとまらない仕事なのかもしれない。あるいはこうもいえる。高度な感情管理能力をもつとともに、感情規則からの逸脱に心引かれる人であることが要請されるのではないだろうか。

私と同じ大学で看護学を教えている西村ユミさんからメールをいただいた。

西村さんのメール。

「看護師は特別な感情を特定の患者に対して抱いてはいけない」「均一的で、公平でなければならない」、けれども「本物の感情でなければならない」。これを指摘されて、少し考えさせられました。先日、このことを臨床の看護師さんに聞いてみたら、やはりある特定の患者さんを特別扱いしてはいけない、みな同じように看護をしなければならない、という気持ちがどこかにあると言っていました。誰かに教えられたわけではないのですが、この患者さんは好きだから丁寧にしよう、嫌いだからかかわらないでおこうなどと思ってはいけないし、思うこともない。思わないようにしているのかもしれない、と。

だからでしょうか、患者さんと接するときは、感情をさらけ出さないように抑え込んでいるとも言っていました。相手は病気を患っている人ですから。つまり、看護師にとって患者は、感情をさらけ出す対象ではないのです。そのため看護師は、感情を抑え込みながらどの患者にも笑顔で丁寧に応対し、かかわりをもとうとしています。これを別の言葉でいうと、均一的で公平な感情を演じているといえるのかもしれません。

しかし、そのように思いながらも、同時にそれは不可能なことだとも言っていました。

看護師もやはり人間ですので、気の合わない人や苦手な人がいてもおかしくありません。そして、そのような患者のところへ向かうときには、自分の「合わない」「苦手」という感情をいつも以上に抑え込んで行かねばならないのです。そんなときに、怒鳴られたり拒絶されたりすると、動揺してしまったり、思わず患者に感情をぶつけてしまう。

こうした事態に遭遇すると、多くの看護師は自分自身を責めてしまうようです。なぜ、患者さんにあのような態度をとってしまったのだろうか、と。かかわること自体を通して援助をしている看護師にとって、関係を壊してしまうような、相手を動揺させてしまうような対応は、援助をしていることにはならないからでしょう。だから、自分自身を責めてしまう。うまくかかわれなかった自分に力がないのだと、自分のほうに問題があるのだと……。

また看護の現場では、「均一的で公平」な感情を成り立たせないような制度もつくられています。この制度がどれくらい浸透しているかはっきりわかりませんが、多くの病院では、病気の治療にかかわる「主治医」がいるように、日常生活の援助にかかわる「プライマリーナース」が決められています。

プライマリーナースは、担当する患者の援助やそれを計画することを任されている看護師です。担当している患者のことは、プライマリーナースに聞けばだいたいわかる、というくらい徹底している病院もあります。多くのプライマリーナースは、担当患者やその家族のことをとても親身になって考えたりかかわったりします。親身になって援助をするがゆえに、患者さんに厳しくなってしまう場合もあり、「担当の看護師さんには内緒だけれども……」と患者さんが苦笑いをしながら語るのをみたことがあります。患者の側も、自分のプライマリーナースに親しみを覚えたり、信頼を寄せるなど特別な感情をもつようになります。そうなってくると当然、プライマリーナースと患者との関係は、他の患者との、あるいは看護師との関係とは異なってしまいます。おのずと感情のもち様も変わってくるでしょう。

プライマリー制のなかで育ってきた看護師のほとんどは、プライマリーナースが担当している患者に対して特別な感情を抱くことに違和感を覚えることはないと思います。しっかり考え、かかわっているのですから。ときに度が過ぎてしまい、注意を受けている人もいますが……。

このように、よりよい看護を目指して考案されたプライマリー制は、均一的で公平にかかわるという看護師の感情規則を裏切ることになっているのです。だからでしょうか、私の知人に、「均一的で公平」な感情をもって看護をしてきたかと尋ねたら、即座にそんなことはないと返答をしました。社会人としてのマナーを守るという意味で、一人ひとりの患者さんに公平に接することは必要だけれども、そしてそれが「均一的」といわれるのかもしれないけれども、実際に看護をしているときの患者さんへの関心や感情はけっして均一ではないと思う、と。

特定の患者さんのことがとても気になったり、関心を寄せたりすることはよくあることです。気になる人がいる、という時点ですでに均一的ではなくなっています。しかし、そのような感情や関心は抑えてしまわねばならないことではないそうです。

このようなプライマリーナースの感情は、学生のときからすでに身に付けています。看護学生はある時期、二～三週間の実習を何度も繰り返しながら看護実践を学んでいくのですが、各実習ごとに、おおむね一、二人の患者さんを担当します。そして、その患者さんのことを理解しようと、そしてその人にふさわしい援助をしようと懸命に考えます。寝ても覚めても、考えつづけてしまう学生もいます。

ある学生は、「これまで一人の人のことをこんなに一生懸命考えたことはなかった」と言っていました。また「患者さんのことが好きになってくる」と言う学生もいました。好きになってくると、その人のことがもっと知りたくなって、積極的にかかわっていけるそうです。あるいは、患者さんのちょっとした気持ちの揺れに大きく揺さぶられてしまうこともあります。患者さんが重篤な状態になったり、病気の告知を受ける場に同席した後に、その場で身動きできなくなってしまうこともあります。「患者さんの前で泣いてはいけない」と思い、悲しい気持ちをこらえてナースステーションに戻ってくるなり、泣いてしまう人もいました。

こんなふうに患者とかかわる経験をして看護師になるのですから、看護師が患者に対して抱く感情は、均一的というよりもむしろ偏在しているというほうが正しいのかもしれません。そしてその偏在をあからさまに見せないようにする、という意味で均一的で公平な感情を意識するのかもしれません。

ナースステーションでは少し違います。すべての看護師がそうしているとはいえませんが、多くの看護師は患者のもとで経験した感情をナースステーションで吐き出しています。愚痴をこぼすのとはまた違った仕方で、それはそれはさまざまな感情をさまざまな形で出しあっているように思います。聞いているとおもしろいくらいに……。ナースステーションはある意味で感情のるつぼなのかもしれません。そしてそれを聞いていると、病棟内で何が起きているのかがわかってきます。つまり、ただ感情を吐露しているだけではなくて、感情を交えて話しながら何かを伝えようとしているのです。

「均一的で公平」な感情について考えてみましたが、看護師はある意味ではそれを大切なことと思いながらも、そうしていない、そうではないあり方で患者とかかわっている、というのが現状のような気がしてきました。

レディメイドの感情規則のない関係

看護は感情労働であって感情労働でない。だから、感情労働が好きであり、なおかつ感情労働から逸脱するのも好きな人が、もっとも看護師に向いているのではないか。

たとえば「看護師は特別な感情を特定の患者に抱いてはいけない」という感情規則は、看護の現場ではたいへん強い感情規則にちがいないが、看護師はしばしばこの規則から逸脱する。患者に好意と不満を抱くことはしばしば起きている。

ある看護教員から聞いた話だが、ときおり看護の場においても感情の軋轢《あつれき》が表面化することがあるらしい。特定の患者がその病棟の看護師たちから嫌われ、冷たくされ、無視され、なかなか看護師が寄り付かないという事態が生じる。「嫌われる患者」というのは、看護師たちの否定的な感情、怒り、失望、絶望感、無力感を強く刺激する患者だそうだ。

そういう人を相手にすると、感情労働の負担が非常に大きくなるので、感情労働ができるだけ少なくてすむような適応、いいかえればできるだけかかわらないようにする、という対応を、看護スタッフ全体で、なかば無意識に、あるいは意識的に、結託しておこなう。ただ、そういう患者に同情してかいがいしく世話を焼く看護師が出てくる場合もあり、そうすると、その患者への評価やケアの仕方について、看護スタッフ内での統一がはかれなくなり、スタッフ内で対立が生じる、などという事態もまた起こりやすい。

私は一方で、病院もまた、患者と看護師と医師に、もっと気持ちよく感情労働できる舞台を提供する必要があるのではないかと思う。つまりもっと社交的な場にしてよいと思う。そうなれば感情労働はいまほどには負担でなく、もっと楽におこなえるようになるのではないだろうか。しかし、社交であるためには、それぞれの行為は時間をかけておこなわれなければならない。時間がゆっくり流れるようにしなければならない。そのためには忙しすぎるいまの医療現場での看護師の待遇を改善する必要がある。もちろん救急医療のように「待ったなし」の戦場のような場所もあるから一概にはいえないが、慢性病患者の病棟などではこの社交はとても重要だ。検温も注射もすべて社交なのだ。

しかし、病院は病院だ。元気な人なら社交だけでよいのだが、痛み、不安、怒り、絶望感、恐怖を抱く患者は、社交性をいつまでも発揮できるわけではない。社交ができなくなったときに、看護師は、社交を止めてもう一つのモードに入らなければならない。このモードを私は「感情公共性」と呼ぶ。

ここではレディメイドの感情規則はない。だから感情を他律的に管理する必要はないしまたできない。定型的な作法も様式もない。自分の感情を率直に開示するモードだ。そして他者の社交的でない感情に向き合うモードだ。

看護師は高度な感情労働ができるとともに、この感情公共性に参加する能力も要請される。特定の患者が好きになったり嫌いになったりする看護師、そしてそのことで悩んでいるような顔をしながら、じつはそうした自分の感情が嫌いではないという看護師は、感情公共性に入る能力のある人だといえるだろう。

3 他者をもてなすべし

他者を不快にさせない〈文明化された社会〉

ノルベルト・エリアスは『文明化の過程』のなかで、社会構造や人間関係が変化すれば、それにしたがって個々の人間の情感のあり方も変化することを長期的な視点をもって描き出す。

ヨーロッパにおける中世初期は〈文明化されていない社会〉である。この社会の人々は、野卑で、ずぶとく、およそ上品、清潔、礼儀、繊細さなどとは無縁であったという。裸体を見せることも平気だし、手で鼻をかんだり、あくびをしたり、大声を出したり、音を立てて食事を食べたりなどは当たり前であり、彼らはこれらの行為に羞恥心や不快感を感じることはなかった。

感情の表出も、それ以降の〈文明化された社会〉に比べればはるかに無拘束で自発的であり、快感も不快感もより公然と発揮していた。感情を抑制したり管理したりすることなく、ところかまわず爆発させもしていた。

しかし、まったくの無拘束であったわけではない。「中世では、こうせよとかこうするなと言われた。しかし大体において、多くのことがそのまま認められた」。つまり、規制が個人に内在化されておらず、繰り返し禁止されることによってのみ規制が機能した。それゆえ、持続的な習慣となって固定される社会的通則はごく限られたものであった。

エリアスは、中世とその後の時代を橋渡しするものとして、エラスムスの著作『少年礼儀作法論』をあげる。これは、本来ある君主の王子に捧げられたものであるが、非常な普及をみた。この作法書が多くの人に必要とされたこと自体が当時の社会状況を物語っている。もともと、「礼儀」は宮廷において「上品に振る舞えること」と同義であるが、当時の宮廷は確固としたものではなく、より強固な社会階層制度が成立する過程にあって、新しい上流階層、新しい貴族階層が宮廷に流入し、統一的な礼儀が必要とされていた。宮廷にあって、「宮廷に住む多種多様な人々に対して、相手の身分や地位に応じて自分の振る舞いを配分し、言葉遣いを制御し、目付きまでも制御することを覚えなければならない」新参の宮廷人には、このようなルールブックがたいへん便利であった。彼ら宮廷人に必要とされた「上品な振る舞い」のメルクマールは、宮廷にふさわしいかどうかである。下品な振る舞いは、「それはまるで農民の振る舞いである」として排除された。

この作法書には、それ以前と比べて特に目新しい作法が載っているわけではない。作法書は本来個性的ではありえないが、エラスムスの著作を他から際立たせているのは、中世に見られるような「こうせよ、こうするな」式ではなく、個人的な観察にもとづき、「その振る舞いが他人にどう映るのか」という視点が導入されていることである。たとえば、食事作法において「がつがつと食べてはならない」という伝統的な作法は、「空腹のように思われるから」してはいけないと指示される。エラスムスが言及している「他人にどう映るか」は「他人の心の状態への理解の増加」を意味している。他人を不愉快にさせることは、無作法なのである。

文明化とは、不快感や羞恥心が増大することである

同じころ、宮廷をとりまく社会においては、社会的機能の細分化が進んでいた。それに従って、日常

的にかかわる人間の数が飛躍的に増大する。このような社会においては、「個々の人間は自分の行動をますます細かく、ますます均質的に、ますます安定性をもって規制することを余儀なくされる」。

ここに、宮廷外においても行動のルール化が求められる契機があった。こうして、「ある程度の抑制、人間相互の顧慮が日常生活の中に、日常の社会生活の中に浸透しはじめる」。「何世紀にもわたって、われわれから見れば基本的なほぼ同じような作法が繰り返されてきたが、それは明らかに、まったく確固とした習慣を完成するには至らなかった。それが今や違ってくる。人間が互いに対して負わせる抑制が一層強くなり、「上品な振る舞い」がいっそう厳しく要求される。人間の振る舞いについての問題圏全体が重要性をもつようになる」。

ところで、「一、二世紀のちになると羞恥心や不快感を人に抱かせるようなこと、公然と見せたり人前で述べるだけのことも禁じられるようになる身振り、振る舞いについて語ることが、エラスムスとその同時代の人々にはまだ許されている」ので、われわれにとっては異様としか思えない振る舞いが、当然のこととして描き出されている。「エラスムスが扱っている多くのことについて述べること、聞くだけでもわれわれにとって恥ずかしい」のであるが、これこそが、文明化の過程のありかたを説明する。われわれは、あきらかに当時の人々と異なった羞恥心・不快感の基準をもっている。

文明化の過程は、羞恥心・不快感を感じる限界が著しく前進してきた過程としても説明される。社会的機能の細分化は人間の均質化・安定化を求めるのだが、これは、当初、意識的な自己抑制として実現されていた。

こうした自己抑制、すなわち広範囲に及ぶ行為の鎖のなかに編み込まれることによって、個々の人間のなかに幼いときからつくり上げられてきた絶えず過去を振り返り将来を見通す機能は、ある場合には意識的な自己自制、ある場合には半ば自動的に働く習慣という形をとる。それらは社会の状況に応じて、細分化された型に従って、衝動ないし情感発散をより均質的に抑圧し、持続的に抑制し、より厳密に規制するよう作用する。
［エリアス 1969/1978：350］

つまり文明化にともない、人々は、神経質になり、繊細になり、気むずかしくなっていく。さまざまなことに対して、今まで不快にも思わなかったこと、気にもしなかったことが不快になる。恥ずかしくなかったことの多くが恥ずかしくなる。たとえば、手づかみで食べることを不快に感じるようになる。食事ごとに新しい皿を使わないと不快になる。鼻をかむにもハンカチを使うようになる。「公共生活からの生理的行為の隔離と本能生活の適切な規制、ないしはモデル化」に至る。「裸体をさらすことに対する天真爛漫さ」が中世において存在したが、宮廷社会化と時を同じくして寝間着を着る「礼儀」の普及によって「肉体と接するものすべてに対する人間の敏感さが増大」する。

ようするに、〈文明化された社会〉では、人の神経を傷つけないように、不快にさせないように、お互いに礼儀正しく、マナーを守り、上品に振る舞うようになっていく。エリアスは述べていないが、文明化とともに、障害をもった人の身体への不寛容も増加したのだろうという想像はそれほど的外れではないだろう。

たとえば、重度の脳性麻痺があれば、よだれがつい出てしまったり、ナイフやフォークの操作がむずかしいため手づかみで食べたりということになる。また手が使えない人は、さらに顔を近づけて直接口で食べるしかない。これは、〈文明化されていない社会〉では当惑や羞恥を誘発するようなことではなかったかもしれないけれども、〈文明化された社会〉では、人々を当惑させたり不快にさせたりするような逸脱、つまり、そこで求められている身体技法、礼儀やマナーから大きく逸脱することになる。

自分が不快にならない〈高度に文明化された社会〉

しかし、エリアスの議論の先を考えることが大切だと思う。〈文明化された社会〉の先に〈高度に文明化された社会〉があるはずだ。この社会では、もっと感情管理のレベルが高度化する。好き嫌いは依然としてあり、けっして鈍感になったり無神経になったりするわけでもなく、一人ひとり自分なりの好みや好き嫌いや美意識はしっかりもちつつ、それでいて、自分と違う振る舞い方をする人と出会っても、動揺したり、不快になったり、いきなりキレたりしないように自分の感情を管理できる、高度な感情管理能力を身につけることが要請される社会である。

つまり、〈高度に文明化された社会〉では、他者の行為が私の期待する範囲から逸脱しているとしても、簡単に当惑したり不快になったりしてはいけないという感情規則が広がっていく。「他者を不快にしてはならない」という感情規則から、「他者の行為に不快になったりキレたりしてはならない」という感情規則への移行である。

〈高度に文明化された社会〉では、他者の神経を配慮すべしというタイプの感情規則は緩和されるかわりに、多様な他者性を尊重すべしという規則、つまり、自分の価値観や行動原理や礼儀作法や美意識から、たとえ他者が逸脱したとしても不快に感じてはならないという感情規則が構築されていく。つまり私のいう〈高度に文明化された社会〉とは、大人の多文化主義の社会のことである。多様性や異質性を尊重する「身振り＝表層演技」ひいては「感情＝深層演技」がこの社会では必要となる。そして、自分の感情規則の厳格さのレベルと感情センサーの感度を状況に応じて自由に上げ下げできるような能力が求められる。

たとえば、女装した男性が自分の隣りに座ったとしよう。男の女装を好まない人であれば、不快感を感じそうになるだろう。が、〈高度に文明化された社会〉の良き市民は、即座に感情管理を発動させて、感情のセンサーの感度を落とし、不快だという感情を消去あるいは抑圧する。けっして鈍感になったりどうでもいいと思っているわけではなくて、他者の異質性に対していちいち不快になったり、傷ついたり、動揺したりしないという感情管理能力を鍛えているのである。

〈文明化された社会〉というのは、ひどく不寛容で、神経質ですぐにむっとしたり不愉快になったりする人たちばかりの社会である。そういう社会はなかなか窮屈な社会であって、礼儀を厳格に守らなければならず、それができない人は萎縮し当惑しなければならない。それに比べれば〈高度に文明化された社会〉は一見するとみんな寛容なのだが、じつは一方に美意識や自分の好き嫌いの感覚はもっており、自分のセンスと合わない他者は嫌いなのだが、それでも不愉快には思わないという感情管理をおこなって、多様な人々が一緒に暮らしていこうとする社会である。

それではつまらないではないか……ホスピタリティへの関心

なぜこうした「感情規則のコペルニクス的転換」が起きたのかと疑問に思う人もいるかもしれない。社会のなかの多様性・異質性が、均質的な規則により統制・吸収できる程度をはるかに越えて増殖すると、社会は多文化主義を基本モードとして設定し、感情規則の一八〇度の転換と感情管理の高度化を社会成員に求めるようになるのではないだろうか。

自分と異なるセンスをもつ人々と共存しなければならない状況では、なにが配慮なのかはわからなくなる。配慮したつもりが、他者のほうは余計なお世話と感じるかもしれない。だから、他者の神経を配慮することは不可能であり、したがって自分の傷つきやすい神経が配慮されることもありえないと諦めて、それぞれが高度な感情管理能力を身につけ、自分の神経を鍛え、センスの異なる他者の言動を不快に感じないようにすることが社会の感情規則となるのである。均質社会では逸脱者に羞恥とか当惑という感情を割り振ればよいが、そういう均質性がない社会では個々が自分の感情を管理して神経を強くしなければならないというわけだ。

だが、私が考える「多様性の承認」は、そういう大人の多文化主義の寛容の身振りのことではない。不快になってはならないという感情管理を人々がおこない、それを多様性の尊重と思いこむ社会は希望のない社会である。

異質性と他者性への想像力を育むことが多文化主義の本来のあり方である。そこまでいかなければ本物の多文化主義にはならない。たんに自分の感情を制御して不快に思わないだけでは、自分の世界観、文化に私たちは埋もれたまま、逸脱的だと思う他者に勝手に配慮するだけでしかない。

多様性を承認しあう社会の可能性を開いていくには、たとえば、あなたは私がうまくフォークを操作できないから、手づかみで食べていると思うかもしれないけれども、じつはこちらの食べ方にはこちらの食べ方なりのおいしさがあるのだというようなことを、逸脱しているとみなされる側の人々が、積極的に言葉にして伝えていかなければならないだろう。その言葉に説得力があれば、自分もちょっと試してみようかなと思ってこっそり試す人もいるかもしれない。それで納得したりすることがあるかもしれない。それでもおそらくその人は、自分は公的な場所ではやらないかもしれない。背負う必要のないリスクは背負いたくないからだ。だがそれでもよいではないか。

じつは、〈高度に文明化された社会〉には、もう一つ、さらに高度な規則を生み出す可能性があると私は思う。

それは、他者を不快にさせてはならない、ではなく、「他者を心地よくすべし」という規則と、それを内在化した、他者を不快にさせたくない、でなく、「他者をもてなしたい」という欲求をもつ人々の社会である。つまり、〈高度に文明化された社会〉のさらなる発展型は、サービスとか、もてなしとか、ホスピタリティへの関心が増大する社会であるということだ。

私が期待するのは、文明のこのレベルまでの到達である。

クールがかっこいい時代は終わりを告げる

この他者をもてなすべしという規範、他者をもてなしたいという欲求は、他者への関心の増大を意味し、他者との積極的なかかわり合いを好む感覚を意味する。感情労働論は、企業が人のこの関心につけこみ、それを感情労働という商品にしたてていくことへの批判だった。だが、それはそんなに批判されなければならないことだったのか。ほんとうに人はサービスやもてなしによって必然的に感情疲労してしまうのだろうか。

アリー・ホックシールドが一九八三年に出版した『管理される心—感情が商品になるとき』は、デルタ航空のフライトアテンダントの感情労働を調査し、そこに高度な感情労働を発見した。だが、それから二〇年が過ぎ、アメリカの航空会社のフライトアテンダントの感情労働はいっそうレベルアップしただろうか。事実は否である。アメリカで高度な感情労働が提供されているのはディズニーランドと、おそらく会員制の高級娯楽施設だけではないだろうか。

感情労働においてアメリカは国際競争力を失ってしまったように思う。今日世界的に、接客の良さで定評があるのはアジアの航空会社である。スカイトラックス・リサーチ社が毎年大規模なアンケート調査にもとづいて集計、発表している航空会社ランキングにおいて、二〇〇三年の「今年の客室乗務員」のベストテンは、1位マレーシア航空、2位スリランカ航空、3位アシアナ航空、4位中華航空、5位カタール航空、6位タイ航空、7位キャセイパシフィック航空、8位ANA、9位シンガポール航空、

10位エミレーツ航空である。

フライトアテンダントの感情労働の質は、資本主義の高度化と女性への感情教育との関数ではないと私は思う。良質の感情労働は、他者をもてなすのが楽しいという関心なしには実現されない。〈文明化された社会〉は他者を不快にしてはならないという規範をもつ。〈高度に文明化された社会〉は、他者の異質性を不快と感じてはならないという規範をもつのみならず、他者を心地よくすべしという規範をもつ社会である。

私は「他者に不快を感じてはならない」という大人の多文化主義を悪くはないと思いつつも、それだけでは不十分だと思う。私は他者の尊重という観点から、「他者を心地よい気持ちにしたい」という関心の広がりに期待する。

もちろんそうした関心は資本主義の高度化により必然的にもたらされるなどと考えているわけではない。アメリカの感情労働の衰退をみればそれは明らかだろう。経済力や技術力はなくとももてなしの精神にあふれた社会のあることを、多くの旅行記が教えてくれる。もちろん、もっぱら女性にサービスやもてなしを要求する社会のことを評価しているわけではない。文明化の過程の最も高いレベルに、他者を積極的に尊重する文化の誕生を展望しているのである。

クール、知らんぷりが都会的でかっこいいという時代は去った。いまは人とかかわれる人がかっこいい時代ではないだろうか。クールは誰でもできる。コンビニの接客もクールだし、レンタルビデオ店の接客はさらにクールだ。そこでは、いらっしゃいませといわないのが最高のサービスだ。訪れたことはないが、アダルトショップあたりになれば、店員同士がムダ話でもして、客にはまったく関心がないふりをするほどの芸の細かさがあるかもしれない。

従来私は、〝都会の親切〟と〝田舎の親切〟という言葉を次のような意味で使ってきた。都会には、

「余計なお世話」という観念がある。そして、他者にしてはならないのは、まずは「余計なお世話」だと考えられている。ところが、「適切なお世話」と「余計なお世話」を分別するのは非常にむずかしい。世話を受ける他者にその判断は委ねられている。そこで、〝都会の親切〟は、傍観というミニマックス戦略、つまり最悪回避に帰着する。一方田舎には、「余計なお世話」という発想はなく、世話はすべて良いことだと考えられている。そのため、田舎では、「余計なお世話」もたくさん含みつつ「適切なお世話」が提供される。

私はこのように述べてきた。だが、いまや田舎こそが、私のいう〝都会の親切〟に帰着する場所とな

マレーシア航空の客室乗務員。サロンケバヤ姿に人気がある。
写真協力：マレーシア航空

った観がある。人が困っていてもむしろ田舎ほど傍観的になっているような気がする。一方都会では、「余計なお世話」と「適切なお世話」を判別するセンサーをもとうとする人が増えつつあるように感じられる。他者が助けを必要としているか必要としていないかを、しばし観察したうえで、働きかけるべきときに働きかけるのが親切だという感覚が芽生えつつあるように思う。

私は最近すっかり贅沢になり、なにかというとタクシーを使うので、道を歩く機会はずっと減ったが、それでも、都心の通りを一人で杖をついて歩いていると、よく人が声をかけてくれる。「失礼ですが、お手伝いすることありませんか」というように。

〈高度に文明化された社会〉では、サービスとホスピタリティを提供できる人がいちばんかっこよく見える。

4 アシストに徹する人々もいる

サービスとは、ホストをアシストすることである

他者を心地よくすべしという感情規則は、他者へのサービス、他者へのホスピタリティを要求する規則である。ソムリエの田崎真也が『田崎真也のサービスの極意』というとてもおもしろい本を書いているのでやや詳しく紹介する。

田崎によれば、サービスとは「ホストをアシスト」することであるという。ホストとは、お金を支払い、ゲストをもてなす人である。もてなされるのは、恋人、家族、お世話になった方、あるいは、自分自身であるかもしれない。店のサービススタッフが客をもてなしているのではなく、もてなしているのは、その場で代金を支払うホストであり、サービススタッフはあくまでも「もてなす人のアシスタント」に徹すべきなのだというのである。

カップルで来店されたお客様であれば、通常は男性がホストとなり、主たる「もてなしの対象」は女性になる。この場合、サービススタッフが直接的なコミュニケーションをするのは原則として男性のみとなる。女性からの注文も男性を通じて受け、メニューや飲み物を女性におすすめする場面であるとしても、男性を通じてするのが鉄則だ。「女性のお客様にはこちらのほうが

……」などと女性に直接におすすめしてしまうとしたら、それはホストの立場をおかすことにほかならない。

［田崎真也 2000：128］

ホストであるお客様は、ホストとして振る舞えてこそ満足されるのだ。またもてなされる側のお客様は、ホストにもてなしてもらえてこそよりよく満足するのである。

［田崎真也 2000：130］

「サービス業に大切な気づかいも一歩超えるとおせっかいになってしまう」。アシストは気配りではない。「気配りは、意外に自分本位である場合も少なくない。相手の思いや願いを察するよりも、自分がしたいように、自分の都合に合わせて相手の世話をしてしまう」。「サービスとは気配りではなくアシストであり、アシストとはお客様の思いや望みを実現する手助けのことだと考えている。そこに過剰な気配りがあれば、押しつけの〝サービス〟になってしまう」。

アシストは、まず、客について多く知ることから始まる。サービススタッフは「お客様の情報をいただくこと」でより良いサービスを提供できる。サービススタッフは客の率直な要求に無関心であってはならない。客と直接触れ合いながら、客のニーズに柔軟に対応していくことこそが大切である。

しかし、調理場はサービスのなんたるかを理解しないことがある。「調理場はごく限られた閉鎖的スペース」であり、通常は客と直接に触れ合うことがない。それがために、自分たちだけの世界に入り込み、独りよがりになる傾向がある。つまり、「調理の世界では狭く限定された技術や信念は見事なまでに継承されやすくなる一方で、調理場世界にだけ修行を積み、調理場世界だけで生きる人々は、少なからぬ場合に、お客様の率直な要求に無関心な傾向」を生じてしまうのだ。

それなら、調理場のトップとは別に、支配人や女将が調理場をコントロールできれば問題はないのかというとそうでもない。調理場は徒弟的な上下関係が強く、板長が怒って店を辞めるということにでもなれば、板長は調理場のスタッフをみな引き連れて出ていくため、支配人も女将も調理場のトップの意向を尊重せざるをえないのだ。

料理人の中には「味が分からない客は、来てくれなくてもいい」に類する暴言を吐く者もいる。お客様の空気を調理場に伝えるという意味で、欠くことのできぬ存在であるはずのサービススタッフや仲居を下にみることしかせず、彼ら彼女らが止むに止まれずにする進言をさえはねつけ拒絶して平然としている例も多い。

［田崎真也 2000：26］

ホストでも教師でもなく、アシストがよい

大切なのは、客には、あくまでも「はい」で始める対応をすることである。「どんな場合にも大切なのは〝事実〟ではない。ましてソムリエまたはサービススタッフがお客様に〝ご教授〟するなどもってのほかだ。そんなことをしたら、お客様の立場を失わせることにもなりかねない」。「応じるのがむずかしい場合でも「はい」と受け止めさせていただいてから、現実にできるいくつかの対応を選択肢として示すのが理想なのだ」。

サービス人に求められる資質は、「人がよろこんでくれることが好き。人に心地よさを提供することが好き。自ら生きているのが好き。自ら心地よさを味わうのも好き。言葉のみならず、全身で人々とコミュニケーションするのが好き」である。「本来は対等である人間同士が、どちらが上になるのでも下になるのでもなく、お互いに自然なコミュニケーションを行き交わす中で、サービスを提供するべき側

に位置する人がアシストすること」が大切である。アシストとしてのサービス、それができるのは「卑屈さのない人間好き」だけである。

＊

サービスのプロである田崎氏のサービスに対する考え方はたいへん興味深い。場を演出し、ホストのゲストへのもてなしをアシストするのがサービスマンの仕事だと考えれば感情労働はむしろ楽しい労働となる。

田崎氏は「もしお客様がシャブリの赤を、と注文なさったとする、この場合ソムリエはどのように対応するのが正しいだろうか」という設問を示し、「正解は一つではないが、自分なら、シャブリに赤はございません、とは絶対にいわない」と言う。お客様＝ホストに恥をかかせてはサービスマン失格だ、というわけだ。「申し訳ございません。当店にはシャブリの赤は置いてございません。似たようなものでしたらご用意できます、たとえばこちらなどはいかがでしょうか、とお返事する」と言う。

援助職と呼ばれる人々にはこうした徹底したサービス精神はあるだろうか。自分が正しいと思うもの、本人のためになると思うものを、専門家の判断を過信して、あるいは転ばぬ先の杖を最高の配慮と信じて、押しつけてしまうということがあまりにも多い。介助ボランティアにしても、アシストに徹するという人は少ない。

だが、障害者は自分をもてなしてくれるホストとしての介助者を探しているのではない。何も言わなくてもいいようにしてくれる気配り上手の介助者を求めているわけでもない。ましてや自分を指導してくれる教師を求めているわけではけっしてない。自分をアシストしてくれる介助者を求めているのである。

白石さんからのメール。

田崎さんの、サービスマン／ホスト／ゲストの三者関係はたしかに興味深いですね。ケアといったとき、「する人される人」の二者関係を前提に考えてしまいがちですが、本当はそれに何かを加えた「三者関係」がケアの最低単位なのではないかと思ったりします。その第三者は、二者のケア関係によって影響を受ける人だったり、オーディエンスだったり、あるいは超越者だったり、さまざまなのですが。

ところで日本の病院では、看護師がサービスマン、医師がホスト、患者がゲストですね。サービスマンがゲストに直接サービスをしてしまい、ホストが機嫌を損ねるといったことが日々繰り返されています(笑)

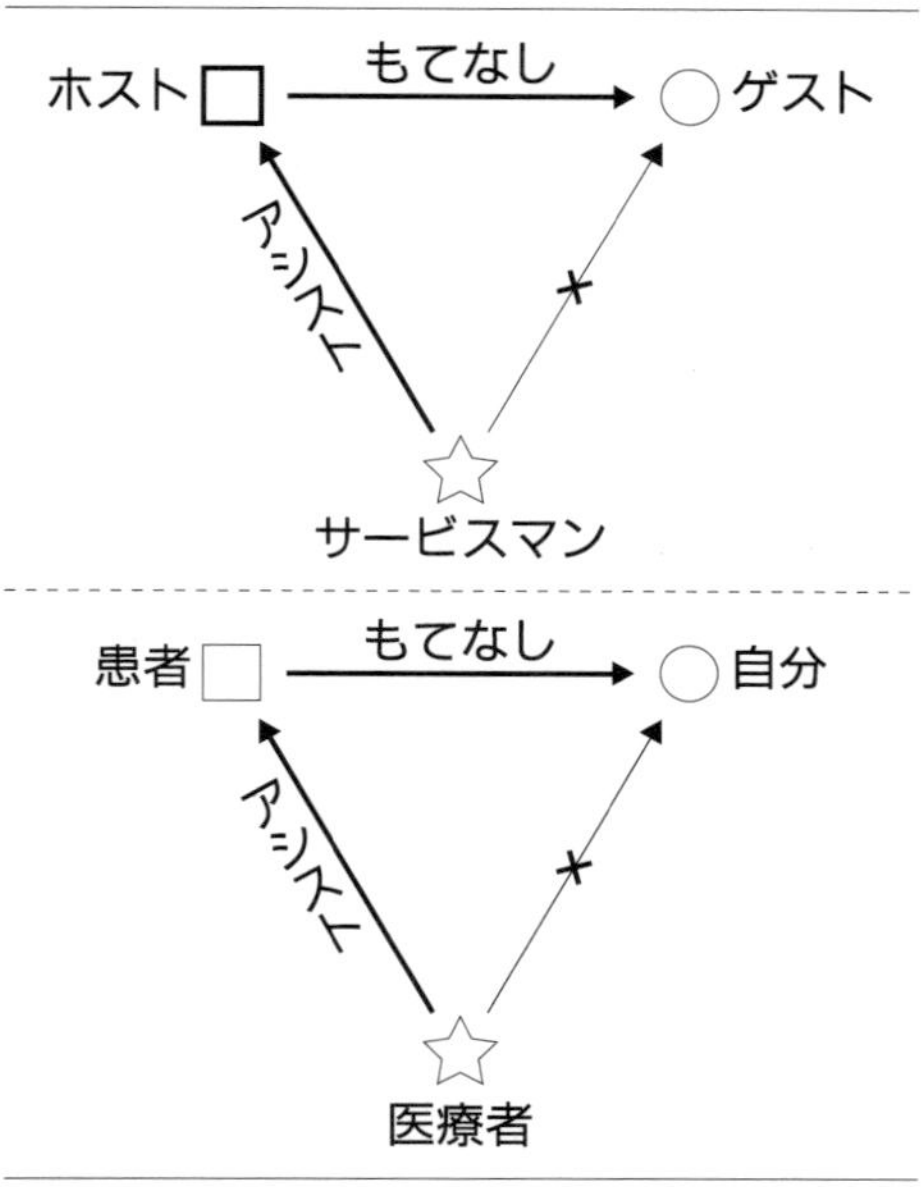

石川の返信。

通常良いホストと良いソムリエとのあいだには相互尊重の関係がありますよね。いくらワイン通のホストでもワインの知識ではソムリエにはかないません。だから、ホストはソムリエに相談したりするわけですが、ソムリエはけっしてホストの立場を侵すことはしません。白石さんは、皮肉を込めて医者はホストだとおっしゃっているように思います。僕ははっきり言える立場なのではっきり言いますが、医者はかっこいい役は全部自分がやりたいんじゃないかと思います。もしソムリエがかっこいいとなったら、医者はそれもやりたくなるに違いないと思います(笑)

それはともかく、私は、これまでの医者はなんといっても技術職であり、処方箋というメニューを考え、治療という料理を調理するシェフなのではないかと思います。そして、多くの医者は、いまなお、サービススタッフを下にみる昔風のシェフなのではないでしょうか。つまり、このシェフは看護師を料理を運ぶだけのウェイターと思っているのではないのかというわけです。しかし、料理人とサービスマンの対等性、相互尊重の関係は、ホストをアシストするためには絶対に実現すべきことだと田崎さんの本を読んで確信しました。

病院は、患者を「もてなす」ところではなく、患者が自分を「もてなす」のをアシストするところだと考えて、一歩引いてサービスに徹するという発想を取り入れたほうがいいように思います。

翌日、白石さんからの返信。

まったくおっしゃるとおりです。それにしても、「患者が自分をもてなすのをアシストする」というのはすごい言葉ですね。

お察しの通り、私が昨日送ったコメントの真意は「サービス提供側の医師がなぜかホスト席に座ってしまい、ソムリエたる看護師にサービスをさせてしまっている」というところにありました。つまりホスト席に座るべき患者(石川さんの表現を借りれば「ゲストである自分自身をもてなす患者」)を追いやって、金も出さずにソムリエにサービスを要求する人に対する皮肉のつもりです。

まあそれはともかく、シェフとしての医者、ソムリエとしての看護師、ホストでありゲストである患者、という図式は興味深いです。媒介者という点では、看護師と編集者はかなり近いメンタリティをもっていますね。私が「看護婦好き」なのは、自分の職業に似たところがあるからでしょう、きっと。

え? じゃあお金を出して本を買ってくださる読者がホスト&ゲストで、私はソムリエ、石川さんはシェフってことですね。

石川の返信。
そういうわけです(笑)
ただし、やたらと難解な料理を客に出し、この味がわからない人は食べに来てくれなくてもいい、とは言わないようにしたいと思います。
まあ、私自身、味オンチだし、たいした技術もないので、むずかしい料理は作ろうと思っても作れないのですが。

＊

さて、第2節の最後で私はごくあっさりと「看護師は高度な感情労働ができるとともに、この感情公共性に参加する能力も要請される」と書いた。もっと詳しく書かなければ読者に私の真意は十分には伝わらない。だが、それにはそれなりの準備作業が必要だった。第3節とこの第4節で、〈高度に文明化された社会〉におけるもてなしとアシストについて考察した。これで準備はできた。

5 感情管理が破綻し、感情公共性の幕が開く

破綻の先で人は他者と出会う

高度な感情規則は高度な感情管理を人に要求する。それは誰もがいついかなるときでもできるというようなものではない。

たとえば死に瀕したとき、人は感情労働をりっぱに演じきることができるだろうか。礼儀正しく、社交的に死んでいくことができるだろうか。恐怖や悲しみや寂しさや孤独を表出せずに、静かな患者、穏やかな患者、良い患者として亡くなっていくことができるだろうか。それができる患者もいるにちがいない。あるいは多くはそうなのかもしれない。だが、取り乱しながら亡くなっていく患者もいるだろう。看護師もまた感情労働の範囲を越えることがあるだろう。

だから病院はディズニーランドや飛行機のファーストクラスのキャビンにはなりきれない。感情労働は破綻する。かならず破綻する。だから、破綻することを恐れずに、むしろ破綻に惹かれる感覚を要請する仕事なのではあるまいか。

感情労働が破綻したときに、人はようやく他者と出会う。と同時に自分とも出会う。他者と自分のコアに触れたような感覚を、快と感じることをこの職業は要請しているのではないだろうか。繰り返す。看護師は、いうまでもなく一方できわめて高度な感情管理能力をもたなければならない職業であるが、

他方、患者や自分が感情管理に失敗し、不安、いらだち、寂しさ、恋愛感情などをあからさまに表出してしまい、何もなかったかのように感情管理へと引き戻すことができない場合には、開き直ってお互いの感情を開示しあうコミュニケーションと正面から向き合うことを恐れない感覚、むしろそれを喜ばしきこと、魂が震えるようなことと感じる感覚が求められる職業ではないかということである。

感情を公的な場所で開示しあう文化を育もうと主張する人々がいる。今までは公的な場所に感情は出さないようにして、理性的に振る舞うことを求めてきたのだが、そうではなく、感情を公的な場に持ち出すことを推奨する立場である。みなが自分の感情を公共の場で開示し、なぜそのように感じるかを言語化することから関係を作っていこうという提案である。彼らはそれを「感情公共性」などと呼んでいる。彼らといったが、論者は多くない。おそらく岡原正幸と、彼の言わんとするところに賛同する私ぐらいのものだ。

「本音に居直る社会」も「大人の礼儀の社会」もつまらない

高度に感情管理を要求する社会では、本物の感情が希少価値を帯び、積極的に本物の感情を実感しようとする人々が現れる。本物の感情を抱いていると信じられたときにだけ、自分が生きているという実感を味わえるとする感覚をそうした人々は抱く。自分が不快に感じることさえ、「私は生きている、自分が現に生きている」というリアリティになるかもしれないし、とかく本物の感情はネガティブなものの中にこそ確かめられる傾向がある。敵意だとか、攻撃性だとか、嫉妬だとか、痛みや寂しさというようなものを感じたときに自分が生きていると感じられたりする。

つまり〈高度に文明化された社会〉は、「野性の感情」の商品価値を高めてしまう社会でもある。本音を言うとカタルシスが得られるので本音の商品価値が上がるのである。ネガティブな攻撃的な感情、衝動的な感情ほど本物の感情のように感得されるということはありがちなことだ。不快感を抱いてはならないという感情規則を理解していない人々や、理解はしていても高度な感情管理能力をもたない人々は、〈高度に文明化された社会〉では不適応者となる。

それでも、不快感を表出するのは損だということだけはわかっている人は、不快感の隠蔽作業をたえずおこなうが、そうした作業にともなう不快感はつねに鬱屈する。だから身の破滅になるから沈黙しているという人は、自分の代わりに「本音」を公然と言ってくれる辛口の「ヒーロー」を待望する。代理満足によるカタルシスを得たいからだ。自分も、自分の感情を陰で表出する。

偽悪を装う「ヒーロー」たちはオヤジ系雑誌等でクオリティの低い毒を散布する。「建て前は辟易するから、本音を語るべきだ」と言うのだが、建て前よりずっと先に行っている本音もあるのだということをそうした人々は想像することすらできない。

高度な感情管理のできない人々も、「2ちゃんねる」などは閉じて、感情公共性に参加し、鬱屈した感情を開示してみたらどうか。思ったことを思ったように表出できる環境をつくらないと、否定感情は潜伏し根深くなる。負の感情を表現できる関係や受け止められる相手というのが増えていかないと、ますます負の感情はアンダーグラウンドに潜伏し沈殿し、妙な商品価値さえ帯びてしまう。それは望ましいことではない。

一方、相互に他者の感情を配慮しあう大人の礼儀を広範囲に築くことが大切だとする考えがある。これはようするに〈高度に文明化された社会〉における寛容の身振りをいっそう進めていこうという考え方である。

お互いに自分の感情をぶつけ合ったらディスコミュニケーションになってしまう。ぼくは君が嫌いだとか、ぼくはこういうふうに感じるとか、子どもじゃあるまいし自分の感情をいつでもぼろぼろと出し合っていたのでは、その関係が切れてしまう、けんかになってしまう。他者の神経を尊重する努力は続けながら、しかも自分の感情を高度に管理して不快感が起動しないようにセンサーを調整してやっていくべきなのだとこの立場の人々は考える。〈高度に文明化された社会〉でも、やはり適切でない感情、想定外の感情は公共の場に持ち出すべきではない、とこの立場の人は考えるのである。

おそらくお互いに、上品に振る舞って、不快感をもたないように自分の感情をコントロールし、さらに他者を心地よい気持ちにするような感情管理をおこなうほうが、たぶんずっと楽だろう。あるところまでしか進めないとしても、お互いに気持ちが伝わっていないとしても、寛容な社会、大人の社会ではある。そこで満足すべきかどうかが議論の分岐点となる。

感情公共性はここにある

高度な感情管理を要求する社会で、自分の感情を適切に管理し、他者の感情に配慮し、いい人であり続けることは誰にとってもとても困難なことだ。たしかに援助職には「いい人」が多い。だが援助職という職業的アイデンティティは、自分もまた、援助している人々と同様に、生きることに悩み、人づきあいに困難を感じ、力なく、傷つきやすいという明白な現実を隠してしまう。

感情公共性、そんなものがどこかにあるというのか。そういう疑念を抱く人もいるだろう。だったら、たとえば「べてるの家」はどうだろう。

「幻覚&妄想大会」を開いてしまうセンス、「偏見・差別大歓迎！　けっして糾弾いたしません」というつどいを開いてしまう発想は、まさにこの感情公共性という考え方と通じていると私は思う。べてるの家のソーシャルワーカーである向谷地生良さんは、「およそ誰しもが生きていくうえで美徳とする社会規範――勤勉で、思いやりにあふれ、笑顔を絶やさず、他人と協調するといったこと――とは正反対のことが起きてしまう。それゆえ社会から孤立し、とくに身近な人間関係である家族や職場において歪みが生じ、生きづらさをかかえてしまうことになる」のが精神障害という病いだと語る。

感情公共性は、人々が自分の感情をぶつけ合ってディスコミュニケーションを引き起こすワイルドな空間であるかに見えて、その実、人づきあいに困難をかかえる人々をも排除せず包み込み、ほっとさせ、元気づけ、励ます可能性を秘めた感情文化なのだと私は思う。

二四時間介助を必要とする障害者のもとに集まる、集められる、介助者の「介助ノート」もまた感情公共性の場だと感じる。渡辺一史の『こんな夜更けにバナナかよ』にはそうした感情公共性の空間の脱社交的な人間同士のぶつかりあいの不思議な魅力が濃密に描かれている。

〈高度に文明化された社会〉は、一方に洗練された社交の場をもつとともに、他方には感情公共性というような脱社交的な人と人のぶつかりあいの場をもつ必要もあると私は思うのである。

第3章
人はいつ暴力的になるのか

1 芥川の『鼻』を読む

芥川龍之介の『鼻』は誰もが知っている小説だが、細部まで記憶している人はいない。単純な話といえば単純な話だから、すっと入ってきてすっと出ていってしまうからかもしれない。しかし、問題意識をもって読んでみるとなかなかおもしろい。『鼻』は概略次のような話である。

＊

禅智内供《ぜんちないぐ》の鼻といえば、池の尾で知らない者はない。長さは五、六寸あって、上唇の上から顎の下まで下がっている。

五〇歳をこえた内供は、少年僧の昔から、内道場供奉の職にのぼった今日まで、内心では始終この鼻を苦に病んできた。もちろん表面では、今でもさほど気にならないような顔をしてすましている。これは専念に当来の浄土を渇仰すべき僧侶の身で、鼻の心配をするのが悪いと思ったからばかりではない。それよりむしろ、自分で鼻を気にしているということを、人に知られるのが嫌だったからである。

内供が鼻をもてあました理由は二つある。

一つは実際的に、鼻の長いのが不便だったからである。第一、飯を食うときにもひとりでは食えない。ひとりで食えば、鼻の先が椀の中の飯へとどいてしまう。そこで内供は弟子の一人を膳の向うへ坐らせて、飯を食うあいだじゅう、広さ一寸長さ二尺ばかりの板で鼻を持ち上げていてもらうことにした。

けれどもこれは内供にとって、けっして鼻を苦に病んだ主な理由ではない。内供はじつに、この鼻によって傷つけられる自尊心のために苦しんだのである。

内供は、自分が僧であるために、いくぶんでもこの鼻にわずらわされることが少なくなったと思っていない。内供の自尊心は、妻帯してはならぬ僧侶であったことで救われたと思うためには、あまりにデリケートにできていたのである。そこで内供は、積極的にも消極的にも、この自尊心の毀損を恢復しようと試みた。

第一に内供の考えたのは、この長い鼻を実際以上に短く見せる方法である。人のいないときに、鏡へ向って、いろいろな角度から顔を映しながら、熱心に工夫を凝らしてみた。

それからまた内供は、たえず人の鼻を気にしていた。池の尾の寺は、僧供講説などのしばしばおこなわれる寺である。したがって、ここに出入する僧俗の類もはなはだ多い。内供はこういう人々の顔を根気よく物色した。一人でも自分のような鼻のある人間を見つけて、安心したかったからである。内供は人を見ずに、ただ、鼻を見た。

最後に内供は、内典外典のなかに、自分と同じような鼻のある人物を見出して、せめてもいくぶんの心やりにしようとさえ思ったことがある。

内供がこういう消極的な苦心をしながらも、一方ではまた、積極的に鼻の短くなる方法を試みたことは、わざわざここにいうまでもない。内供はこの方面でも、ほとんどできるだけのことをした。烏瓜《からすうり》を煎じて飲んでみたこともある。鼠の尿を鼻へなすってみたこともある。

ところがある年の秋、内供の用を兼ねて京へ上った弟子の僧が、知己の医者から長い鼻を短くする法を教わってきた。

　内供はいつものように、鼻などは気にかけないという風をして、わざとその法もすぐにやってみようとは言わずにいた。そうして一方では、気軽な口調で、食事のたびごとに弟子の手数をかけるのが心苦しい、というようなことを言った。内心ではもちろん弟子の僧が自分を説き伏せて、この法を試みさせるのを待っていたのである。

　弟子の僧にも、内供のこの策略がわからないはずはない。しかしそれに対する反感よりは、内供のそういう策略をとる心持ちのほうが、より強くこの弟子の僧の同情を動かしたのであろう。弟子の僧は、内供の予期通り、口をきわめてこの法を試みることを勧め出した。そうして内供自身もまた、その予期通り、けっきょくこの熱心な勧告に従うことになった。

　その法というのは、ただ湯で鼻を茹でてその鼻を人に踏ませるという、きわめて簡単なものであった。

　教わった通りにやってみると、たしかに鼻は短くなった。これではあたりまえの鍵鼻とたいした変わりはない。内供はその短くなった鼻をなでながら、弟子の僧の出してくれる鏡を、きまりが悪そうにおずおず覗いてみた。

　鏡の中にある内供の顔は、鏡の外にある内供の顔を見て、満足そうに眼をしばたたいた。

　一晩寝てあくる日早く眼がさめると、内供はまず第一に、自分の鼻をなでてみた。鼻は依然として短い。内供はそこで、幾年にもなく、法華経書写の功を積んだときのような、のびのびした気分になった。

　ところが二、三日たつうちに、内供は意外な事実を発見した。それは折から用事があって池の尾の寺を訪れた侍が、前よりもいっそうおかしそうな顔をして、話もろくろくせずに、じろじろ内供の鼻ばかり眺めていたことである。それのみならず、かつて内供の鼻を粥の中へ落したことのある中童子なぞは、講堂の外で内供と行き違ったときに、はじめは下を向いておかしさをこらえていたが、とうとうこらえかねたと見えて、一度にふっと吹き出してしまった。用を言いつかった下法師たちが、面と向っているあいだだけは慎んで聞いていても、内供が後ろさえ向けばすぐにくすくす笑い出したのは、一度や二度のことではない。

内供ははじめ、これを自分の顔変わりしたせいだと解釈した。しかしどうもこの解釈だけでは十分に説明がつかないようである。見慣れた長い鼻より、見慣れない短い鼻のほうが滑稽に見えるといえば、それまでである。が、そこにはまだ何かあるらしい。

――人間の心には、互いに矛盾した二つの感情がある。もちろん誰でも他人の不幸に同情しない者はない。ところがその人がその不幸を、どうにかして切り抜けることができると、今度はこっちでなんとなく物足りないような心持ちがする。少し誇張していえば、もう一度その人を、同じ不幸に陥れてみたいような気にさえなる。そうしていつの間にか、消極的ではあるが、ある敵意をその人に対して抱くようなことになる。内供が、理由を知らないながらも何となく不快に思ったのは、池の尾の僧俗の態度に、この傍観者の利己主義をそれとなく感づいたからにほかならない。

そこで内供は日ごとに機嫌が悪くなった。二言目には、誰でも意地悪く叱りつける。

内供はなまじ鼻の短くなったのが、かえって恨めしくなった。

するとある夜のことである。ふと鼻がいつになく、むず痒いのに気がついた。手を当ててみると少し水気がきたようにむくんでいる。どうやらそこだけ熱さえもあるらしい。

翌朝、内供がいつものように早く眼をさまして見ると、ほとんど忘れようとしていたある感覚が、再び内供に帰ってきた。

内供はあわてて鼻へ手をやった。手にさわるものは、昨夜の短い鼻ではない。

こうなれば、もう誰も笑うものはないにちがいない。内供は心の中でこう自分に囁いた。

〔『芥川龍之介全集1』ちくま文庫 1986を参考に要約〕

なぜ人々は笑ったのか

さて、話はわかった。考えたいのは、なぜ人々は内供の鼻が短くなると公然と内供の面前でも笑うようになったのかということである。

第一は、それは内供の鼻が普通の鼻にもどったことへの嫉妬の表出だという解釈である。つまり自分たちの優越性が失われることへの抵抗あるいはあがきだという見方である。もっといえば、内供の鼻はずっと不格好に長かったという本来的な事実を、内供に忘れさせまいとする悪意であり、自分たちは忘れないという宣言であるともいえよう。そして内供が自分のかかえる劣位性を受け入れずに、特別な方法を使って鼻を短くしたことへの、卑怯な手を使ったというなじりでもあるだろう。

芥川も傍観者の利己主義と呼んでこの見方をとっている。「人間の心には、互いに矛盾した二つの感情がある。もちろん誰でも他人の不幸に同情しない者はない。ところがその人がその不幸を、どうにかして切り抜けることができると、今度はこっちでなんとなく物足りないような心持ちがする。少し誇張していえば、もう一度その人を、同じ不幸に陥れてみたいような気にさえなる。そうしていつの間にか、消極的ではあるが、ある敵意をその人に対して抱くようなことになる」。

第二は、内供が僧侶としての未熟さを露呈したことで、からかい混じりの攻撃を招いたとする解釈である。これは周囲の無実、善良さを強調する解釈である。つまり本人がもっともネガティブなのではないか、気にしすぎたことでからかいを誘発したのではないか、という見方である。

弟子たちは、少なからず内供の鼻を気の毒に思っていた。だが、そんな鼻をもつ内供がそのことを気にもしない態度を取りつづけていたことに、尊敬の念を抱いていた弟子も多かっただろう。気の毒に思う自分は修行が足りないのだと自らを恥じ入る弟子さえいたかもしれない。だが、内供の心境は違った。なんとかして、この鼻をまともにしたいと思っていた。だが、そんな心境を弟子たちに知られてはみっともない。だから、そんなことを思っているとはおくびにも出さないようにしていた。しかし、幸か不幸か、あるとき、この鼻をなおすチャンスが訪れ、内供はそれに飛びついた。

普通の鼻になった内供を見て、弟子たちは笑い出した。弟子たちは内供の心の内を知って笑い出したのだ。ずっと鼻のことなど気にかけていないそぶりをしていたのに、やはり気にしていたのだ。そんな人物を尊敬していたなどとはなんともバカらしい。この人は尊敬に値せず、嘲笑してよいのだ、弟子たちはそう思った。尊敬が失望に変わり、侮蔑へと反転した。いくらかの親近感も混ざりつつ。けっきょく内供の鼻はもとの異様に長い鼻にもどってしまう。内供はこれでもう笑う者はいまいとほっとするのだが、おそらく内供はさらなる笑いの対象となる。一度、見透かされた内面と、失った尊敬はもどらない。

第三は、やはり違和感のために人々は笑ったのではないかという解釈である。見慣れた長い鼻が突然消えたのだから、内供の顔に弟子たちが違和感を感じて笑うのは自然なことだという解釈である。

しかし、芥川はこの解釈を退けている。

内供ははじめ、これを自分の顔変わりがしたせいだと解釈した。しかしどうもこの解釈だけでは十分に説明がつかないようである。見慣れた長い鼻より、見慣れない短い鼻の方が滑稽に見えると言えば、それまでである。が、そこにはまだ何かあるらしい。

内供の長い鼻は内供らしさを構成する重要な特徴だったのは確かなことであり、それが失われたことに人々が違和感を感じるのは理解できる。だが、それだけにしては、笑いの持続時間が長すぎるというわけだ。そもそも内供が内供でなくなったような違和感ならば、笑いではなく、物足りなさとか、寂しさを含む感情が起きてこなければおかしい。そうした感情を周囲の者がもった形跡はない。

私はこれらの解釈を並べたうえでこう思う。内供は鼻の長いのを気にしていたことを露呈してしまった。それは親近感と憐憫混じりの笑いを正当化する。弟子たちは、親近感と憐憫混じりの笑いを装いつつ、内供への嫉妬を表出したのではないかと。

文明化されていたら、あるいは高度に文明化されていたら

もう一つ考えたいことがある。弟子たちはなぜ感情を管理しないで、あるいはできずに内供の面前でも笑ってしまったのかということだ。要するに弟子たちは文明化されていないということだ。

傷つきやすい内供は文明化された人であるのに対して、弟子たちはまったく野卑であり、他者の神経を配慮すべしという感情規則を教えられていない。内供の不幸は、無神経な人間とつきあわなければならない繊細な人間の不幸であるとともに、弟子たちに他者を配慮する礼儀を教えない自らの怠惰に発する不幸だともいえるのである。さらにいえば、内供の感情は、野卑な人間たちの攻撃に対してあまりに脆弱であり、高度な感情管理能力をいまだ身につけていないこともまた彼の不幸だともいえるだろう。

それではもし弟子たちが文明化された社会の感情管理を身につけていたならばどう反応しただろうか。

みなで祝っただろうという想像はあまりにナイーブだ。それは内供の自尊心をいたく傷つけたことだろう。鼻を短くしたことを指摘されるのは、長年鼻にこだわってきたことを侮蔑されているようで、内供には屈辱的なことだったにちがいない。弟子たちは、おそらく内供の鼻が短くなっても、何事もなかったかのように振る舞ったはずだ。それがもっとも無難な対応だからである。

想像ついでに、もし内供も弟子たちも「高度に文明化」されていたとしたらどうしただろう。

弟子たちはちゃかしてあげないと悪いと考えて、明るく吹き出したかもしれない。内供も照れくさそうに笑ったかもしれない。この場合の笑いは、積極的なサービス精神の発露である。相手が傷つきやすい、自尊心の高い人であれば、裏目に出る可能性のあるサービスだが、弟子たちは内供を不快にさせないことより、心地よくさせるために最善の努力を払うのだ。弟子たちは難関に挑むということだ。

あるいはもっとフォーマルな対応も考えられる。それはたとえば「お顔立ちが変わられましたね」と変化を認知したということだけを伝える身振りとなるだろう。良かったといえば、いままでは悪かったとなり、寂しいといえば内供を悲しい気持ちにさせることになる。だから、評価を含めず、他者への関心だけを伝える礼儀作法を選ぶのではないかということだ。

2 善良であろうとする人々の暴力

ケビン・カーターはなぜ死んだのだろうか

彼に一九九四年度のピューリッツァー賞・企画写真部門賞をもたらしたのは、「ハゲワシと少女」を写した一枚の写真だった。一九九三年、南アフリカ出身の写真報道家であるカーターは、内戦と飢饉に苦しむアフリカ・スーダンの現状を写真に収めるべく、写真家仲間のシルバと共に国境の北側へ向かった。そこに広がっていたのは、多くの人々が餓死しかかっている光景であった。

その光景から自身をひきはがすように奥地に向かったカーターの耳に、弱く、高いすすり泣きが聞こえてきた。国連の食料配給センターへ辿り着こうとして力尽きてうずくまり、必死に立ち上がろうとしている少女の声であった。写真報道家としての本能に突き動かされてカーターがその少女にレンズを向けていると、偶然視界内にハゲワシが降りてきた。そのときに撮影されたのが、この写真である。

*

カーターはヨハネスバーグ・サンデー・エクスプレス紙のスポーツ担当カメラマンを振り出しに、徐々にジャーナリズムの世界へと足を踏み入れていった。一九八四年になって黒人居住区に暴動が発生しはじめるとヨハネスバーグ・スター紙に籍を移し、アパルトヘイトの残虐性を暴露しようとしていた白人写真報道家の群れに入っていった。

「ハゲワシと少女」Kevin Carter, 1993.　ロイター・サン

危険な仕事だった。カーターやその他多くの写真報道家は居住区内で習慣的に degga と呼ばれるマリファナを吸った。それは危険と隣り合わせの仕事がもたらす恐怖や緊張をほぐすためであり、また、銃を持った兵士たちと親密な関係を築くためでもあった。やがてカーターもその他多くのヘビー degga ユーザと同様、さらに危険な物を吸引するようになっていった。それは、dagga と、Mandrax という精神安定剤とを混ぜた「ホワイトパイプ」と呼ばれるものだった。仕事をやり遂げるためには、カメラや友情だけでは不十分だったのだ。

撮影後の彼に、葛藤がなかったわけではない。すさんだ気持ちになったカーターは、木の下に座って煙草に火をつけると、神に語りかけ、そして泣いたという。同僚も当時を振り返って、「ケビンはあの後、元気をなくしてしまった。少女を抱きしめたいと繰り返し言っていた」と証言している。

偶然にも、スーダンの写真を探していたニューヨーク・タイムズ紙が彼の写真を買取り、一九九三年三月二六日の紙面に掲載した。写真はまたたく間に、アフリカの苦しみを象徴するものとなった。何百人もの読者が新聞社に手紙を送ったり電話をしたりして、その子どもがどうなったのかを尋ねた。そして、世界中の新聞社がその写真を掲載しはじめた。

一九九四年四月一二日、ニューヨーク・タイムズ紙からカーターは電話を受け、ピューリッツァー賞受賞を知った。ニューヨーク市でも流行の最先端と呼ばれる場所で、カーターのための祝宴が設けられた。有名雑誌の写真編集者たちは、黒ジーンズ、Tシャツ、トライバルブレスレットにダイアモンドピアスを身に着け、戦争に疲れた目をしてマンデラによる新生南アフリカの最前線を語る、新有名人と知り合いになりたがった。レストランの常連客たちは我先にと握手を求めサインを欲しがった。カーターは、ほどなく世界が誇る写真報道家を二〇〇人以上かかえる一流写真エージェンシーのシグマと契約した。

この写真で彼は、名声を得るとともに、フリーランスのカメラマンとして、たった一枚の写真のために、危険な戦闘地域に立ち入る生活と、慢性的な貧乏暮らしに終止符を打つことになるはずだった。カーターの気持ちは高揚していた。

だが、彼は、賞賛のみならず、名声につきものの批判にも対処しなければならなくなった。南アフリカの一部報道家は彼の受賞を「ただのまぐれだ」とし、被写体はやらせであると主張した。他の者はカーターの道徳観を疑った。フロリダのセント・ピーターースバーグ・タイムズ紙は、「少女の苦しみを完璧な形でフレームに納めるためにレンズを調整する彼もまた、彼女を食い物にする第二のハゲワシである」と書きたてた。カーターの友人たちのなかにも、なぜ彼がその少女を助けなかったのかと疑問をあらわにする者もいた。

「この写真にはジャーナリストに必要な良心が感じられない。写真を撮ることより少女を助けることのほうが人間としての義務ではないか」という声が、「カメラマンがハゲワシを追い払うべきだとは思わない。少女の命を救うことは彼の仕事ではない。彼はカメラマンとして当然なすべきことをした」という声をはるかに上回った。

七月二七日水曜日、カーターの人生最後の日、彼は正午近くまでベッドで過ごし、その後ウィークリーメール紙より依頼された写真をとどけに行った。新聞社のニュース編集室で彼は、元同僚に自身の苦しみを打ち明けた。元同僚の一人はカーターにセラピストの電話番号を渡すと、ただちに電話するように勧めた。

翌日、彼の所有していた赤い小型トラックが、彼が少年時代によく遊んだ小川のそばで発見された。車の排気管からは緑色のホースが、車内へと続いていた。

助手席のバックパックの下にはカーターの残した遺言と思しきメモがあり、こう書かれていた。

「僕は、殺人、死体、飢えた子どもたちや痛んだ子どもたちの怒りや嘆きの生々しい幻覚に苦しみました」

[Scott MacLeod, The Life and Death of Kevin Carter, *Time*, September12, 1994, Vol.144, No.11 の拙訳から要約]

以上が、タイム誌ヨハネスバーグ支社のスコット・マックロード記者の取材記事から読み取れる、写真報道家ケビン・カーターの自殺とその経緯らしきことである。

「私はこんなに怒りを覚えている」

なぜ、人々はカメラマンを非難したのだろうか。あるいは、カメラマンを非難するということを通して、人々は何をしようとしたのだろうか。なぜ、人々の感情に火がついたのだろうか。

その理由ははっきりしている。人々は、自分なら絶対に助けていたと言いたいのだ。そう主張するために、カメラマンに怒りをぶつけたのだ。怒りを起動することで自分の主張に信憑性を与えようとしたと言ってもいいだろう。なぜ私がカメラマンを非難することができるのかといえば、私だったら絶対に助けていたという自信があるからだ、その証拠に私はこんなに怒りを覚えている、と人々は言っているように思う。

私だったら助けていたということを証明することはできない。証明することはできないけれども、ただ一つだけ自分の主張に迫力、力、信憑性を与える方法がある。カメラマンに対して怒りの感情をぶつけるという方法だ。これならできる。こんなに本気になって私は怒っているのだから、私は自信をもっているということだ。残念ながらその場に私はいなかったから助けられなかったけれども、いたら絶対に助けていたのだと。

感じることを通して、私たちはいろいろなことを証明したり、主張したり、達成したりすることができる。実感することを通して、怒りという感情をカメラマンに向けることを通して、私たちは自分の善良さを証明する。そのとき同じ立場にあったらこういうふうにしていたはずだ、していたのだ、だから私は悪くない、彼女の味方であるという位置を取ることができる。

私だったら、写真を撮るだろうか。少女を助けるだろうか。どちらの選択が正しいとも私にはいえない。どちらの選択もつらい。そういう場に自分と少女を追いやった大きな構造的な力に憤りを感じるかもしれない。カーターは「この後、とてもすさんだ気持ちになり、複雑な感情が沸き起こった」といい「私は祈りたいと思った。神様に話を聞いてほしかった。このような場所から私を連れ出し、人生を変えてくれるようにと」と言っている。そうだろうと思う。

あの場にいたら、私も助けたいという感情を抱くだろう。私の感情は助けよと、私に命じる。かわいそうだ、なんとかしろ、助けることこそ正しいおこないだ。私の感情はそう動くだろう。

ところが他方で、その少女はもう行き倒れ寸前で、仮に今助けても、いずれにせよもう助からないという冷静な判断も、写真を撮りたいというカメラマンとしての職業的意識と功名心などとともに動くにちがいない。一時的に助けるよりも、写真を撮ってそれを世界に向かって配信するほうが、こうした残酷な状況を多くの人々に伝えられるという意味で重要だと思い、またそれが自分の成功にもなるという計算もしたたかにおこなって、大いに迷うだろう。

計算は私にアンビバレンスをもたらす。計算さえしなければ、少女を見捨てて写真をとることへの罪悪感は減り、写真を選ぶ正当性を自分に言い聞かせることができるのに、なまじ打算を意識するばかりにいっそう迷うだろう。

ではカーターはどう思ったのか。もちろんわからない。わからないけれども、憶測の域はでないけれども、できるだけの想像をしてみよう。

カーターの誤算

マックス・ウェーバーは、『職業としての政治』のなかで、倫理的に方向づけられたすべての行為は、根本的に異なった二つの調停しがたく対立した準則、すなわち「心情倫理的」に方向づけられている場合と、「責任倫理的」に方向づけられている場合があるという。

「人が心情倫理の準則の下で行為する――宗教的に言えば「キリスト者は正しきをおこない、結果を神に委ねる」――か、それとも、人は(予見しうる)結果の責任を負うべきだとする責任倫理の準則に従って行為するかは、底知れぬほど深い対立である」。「心情倫理家は、純粋な心情の炎、たとえば社会秩序の不正に対する抗議の炎を絶やさないようにすることにだけ「責任」を感じる。心情の炎を絶えず新しく燃え上がらせること、これが彼の行為――起こりうる結果から判断すればまったく非合理な行為――の目的である。行為には心情の証しという価値しかなく、またそうであるべきなのである」。

「責任倫理家はこれに反して、自分の行為の結果が前もって予見できた以上、その責任を他人に転嫁することはできないと考える」。「この世のどんな倫理といえども次のような事実、すなわち、「善い」目的を達成するには、まずたいていは、道徳的にいかがわしい手段、少なくとも危険な手段を用いなければならず、悪い副作用の可能性や蓋然性まで覚悟してかからなければならないという事実、を回避するわけにいかない」。

ようするに、心情倫理というのは、「自分が正しいと思うおこないを純粋に追求すること」を善きことする倫理である。責任倫理というのは、「自分が実現したい正義のために最善の努力を払うこと」を善きこととする倫理である。両者はしばしば葛藤する。

カーターは行き倒れ寸前の少女を目の前にしてとっさに次のように考えたのかもしれない。

自分は、なぜ、スーダンのキャンプで写真を撮ったりするかといえば、写真というメディアを通してアフリカの飢餓を世界的な問題として人々に伝える、そういう仕事に意味があると思ってやっているからだ。私は、もっと、お金になるような商業写真も撮れないわけではないが、そういった写真でなくて、あえてこういう写真を撮っているのは、写真というメディアの力を信じているからだ。これはみなで考え、なんとかすべき問題なのだ、そう訴えるために私はここで写真を撮っている。アフリカを植民地にしていた国々、アメリカなどの先進工業国は、アフリカの飢餓に対して大きな責任があるし、ひいては、先進工業国の人々一人ひとりにも多少なりとも責任があるはずだということを伝えるこれは絶好の機会だ。気持ちとしては助けたい、助けるほうが心理的には楽だが、自分がなすべき行為はそれではない。写真家である自分には、写真というメディアに託して、今、目前にいる少女だけでなく、その背後にいる無数の飢餓に苦しむ人々の惨状を、その人たちに代わって、飽食する世界の人々に証言する職業的使命があるのではないか。

彼はこの問題に対して誰もが少なからず加害性を負っているというメッセージを伝えたかった。この問題にみなが責任を負っているはずではないか、それを写真の力によって伝えることが可能だと信じた。しかし、彼には誤算があった。その誤算というのは、彼を自殺に追い込むことになってしまうような非常に大きなものだった。

写真を見た人々は、おしなべて私は悪くないという反応を示した。私は悪くないということを言うために、カメラマンを非難するという行動に出た。この写真に動かされて、おそらくスポット的にはユニセフなどへの寄付が急増したということはあっただろう。だが、それさえ自分の善良さを買うための安い支払いでしかなかった。この写真を見た人々が彼に暴力を向ける主体として立ち上がってきたことは、カーターの誤算であり、あるいは皮肉な結末だった。

彼は自分が信じた写真というメディアの力によって、自分が伝えたいメッセージを伝えられると信じて、責任倫理を選択したのかもしれない。だが、先進工業国に暮らす多くの人々は、その写真を突きつけられたとき、暴力的な主体として、カメラマンに牙をむいたのだ。これは皮肉なことであり、それによってたぶん彼は自殺に追い込まれていったのではないか。

究極の責任倫理?

もっと深読みすることも可能だ。そこまでは読んではいなかったかもしれないけれども、自分が写真を配信すれば、人々は自分を非難するだろうという予感はあったかもしれない。

助けるほうが気が楽だと言ったのは、半分はそういう意味だ。写真を出しても自分のメッセージは人々にはけっして伝わらない。あるいは、一部の人には伝わるかもしれないけれども、ほとんどの人は自分を非難するであろうという、そういう漠然とした予感がカーターにはあったかもしれない。

大部分の人は自分を非難するだろう。自分が伝えたいのは、一人ひとりのこの問題に対する加害性の自覚であり、だからこそ何かする義務がある、ということを訴えようとしているのだが、人々はそんなメッセージには答えずに自分を非難するだろう。「私は悪くない」「私だったら助けていたのだ」というふうにしか言わないだろう。そういう反応を半ば想像できたのではなかろうか。

だから、けっきょく彼は、写真を配信することを通して自分に非難が集中することも、半ば想像しながらシャッターを切ったという可能性もあるように思う。だとすると、彼はもっと究極の責任倫理を貫いたことになる。つまり、自分に非難が集中すること、大多数の人々は自分を非難するであろうということまで含めて引き受けつつ、しかし、一%か二%かわからないけれども、幾ばくかの人々には伝わるはずだという希望を優先した。全員には伝わらないけれども伝わる人はいる。一部の人に伝われば、その人たちがかならず自分の意志をつないでくれる。彼はそれに賭けたのかもしれない。

こういう、カメラマンに対する好意的な憶測はナイーブすぎると感じる人もいるかもしれない。カメラマンは図星をつかれて動揺し、自分に失望したのだという冷ややかな見方も可能にはちがいない。あるいは、カメラマンは、告発写真それ自体も、自己の善良さを証明するための手の込んだ他者への暴力でしかないことに気づいてしまったのだという切り返しもできるかもしれない。

非難が集中したから彼は死んだのか。それとも、やはり少女を見殺しにしたという自責の念を振り払えずに死んだのか。それとも、告発写真は告発者だけが生き残れる構造になっていると感じて失望したのか。ほんとうの理由はなぞである。

こう書いて私は愕然とした。私はカメラマンの写した写真を見ていない。見ることができない。それだけの理由で、私は暴力的な主体となることを免れたのではないのか。だとすればこれは皮肉だしイヤミですらある。カメラマンはあの世で苦笑しているだろう。「あんたにそう言われてもね」と。

3　永遠の愛は人間的ではない

スティーブン・スピルバーグ監督と故スタンリー・キューブリック監督という異例の組み合わせによるこの作品『A.I.』は、さしあたり表面だけをなぞれば次のような話である。

＊

話の舞台は、人口が厳しく抑制され、ロボットが労働力として、種々のサービスの提供者として、不可欠な存在となっている未来社会である。

サイバートロニクス社が人類史上初めて、愛をもつロボットを完成させた。セックスロボットならすでにあったが今度のメカは不変の愛をもつ完璧なロボットだ、と開発者のホビー博士は誇らしげに語る。

一方、モニカは最愛の息子をなくし、消化不良の悲しみに苦しんでいる女性である。デイビッドと名付けられたその新しいロボットの社内テストに、たくさんの社員のなかから、モニカの夫であるヘンリーが選ばれた。

デイビッドは、外見が人間の子どもにそっくりなだけでなく、決められたコマンドをインプットした人間を母親と思い、その人を自分のメカとしての寿命がつきるまでひたすら愛しつづけるようにプログラムされたロボットである。いったんコマンドをインプットしてしまうと、もうそれはリセットできない。だから不用になったら会社に返し、廃棄してもらうしかない。

モニカが意を決して、コマンドを自分の声で入力すると、デイビッドはまもなくモニカをママと呼びはじめる。

ママ大好き、いつまでも死なないで。

モニカは自分をママと呼んで慕うデイビッドを手に入れて、幸せな日常がもどってきた。ところが皮肉にも、奇跡が起きた。冷凍保存されていた実の息子のマーティンが、先端医療により蘇生したのだ。

生き返ったマーティンはことある度にデイビッドをいじめる。

マーティンのデイビッドへの敵意と、デイビッドのモニカへの愛の強烈さにヘンリーは不安を感じ、デイビッドを会社に返そうとモニカにいう。そんなことはできないとモニカはその提案を拒否するが、デイビッドを捨てる決心をする。

この社会では人間のメカへの敵意や恨みはすさまじい。子どもたちはメカいじめをおこない、大人たちはときおりメカを破壊するお祭りをおこなう。

だが同時に、セックスロボットの女や男は非常に魅力的で、客を喜ばせるような言葉をかけ、最高のセックステクニックをもつため、たいへんなヒット商品となってもいる。そのため、人間よりロボットとのセックスを好む人が多いのもこの社会の現実である。

セックスロボットのジゴロのジョーは言う。「人間はメカにサービスを期待している。僕の客だってそうだ。愛しているのとはちがう」

デイビッドを駆り立てたのは、人間になりたいという思いだった。デイビッドはピノキオの物語を読んで、自分もブルーフェアリー(青い妖精)に会えば人間にしてもらえる、そうすれば再び母親が自分を愛してくれる、そう思うのだ。

ドクター・ノウという、お金を払って質問すると膨大なデータベースから情報を検索し、返事をしてくれるロボットが街のいたるところに設置されている。デイビッドは、ブルーフェアリーの居場所をドクター・ノウに尋ねる。そして「人間の島」、マンハッタンに向かう。

ようやくのことで目的の場所に着いてみると、そこに待っていたのはまさに自分と同じ顔をしたロボット――デイビッドだった。激しく動揺するデイビッド。「ママは渡さない。僕だけのものだ。ママの子は僕だけだ、僕は特別なんだ」と叫び、ロボットを叩き壊す。そこにホビー教授が現れる。デイビッドはホビーに尋ねる。

「ドクター・ノウから聞いてきたんです。ブルーフェアリーもいるの？　本物の人間にしてもらうんだ」

「君は本物の人間じゃないか。いままででもっとも本物に近い。君を作った私こそブルーフェアリーだ。君が生まれるまで、ロボットは夢をもたず、自分から何かを望むことなどなかった。君はおとぎ話を聞き、愛情を原動力に、望みを糧に、フェアリーの存在を信じて旅に出た。しかも驚いたことに自分で方法を考えてここまでたどり着いた。われわれは君の行方がわかってからも君の前に出なかった。君がどっちを選ぶか知りたかった。ブルーフェアリーを人間の無い物ねだりと思うか、それとも人間だけの特質である夢を追う能力をもつにいたるか。君は夢を追う能力をもつことのできた初めてのロボットだ」

「僕は特別かと思った」

混乱してそうつぶやくデイビッドに、ホビー教授は言う。

「息子は特別だった」

デイビッドはホビー教授の死んだ息子――デイビッド――とそっくりに作られたのだ。

「君の本当の親に会わせてあげよう。君を作ったチームだよ。君の冒険の話を聞くのが楽しみだよ」

そう言ってホビーが席を外すと、デイビッドは立ち去る。

デイビッドは別の部屋で再び自分とそっくりのロボットを発見する。それらは商品として箱詰めされており、それぞれの箱には"AT LAST―A LOVE OF YOUR OWN"と書かれている。男の子ロボット(＝DAVID)だけでなく女の子ロボット(＝ARLENE)もある。呆然としたデイビッドは「ママ」とつぶやき、目の前に広がる海へ落ちていく。

ついにデイビッドはそこでブルーフェアリーを見た。「僕を人間にしてください」

いつまでも無限ループのプログラムのように祈り続けるデイビッド。

二〇〇〇年の時間が過ぎた。もはや人類はいない。絶滅したのだ。宇宙人が地球にやってきて、デイビッドは氷の中から発見され、再起動される。デイビッドの記憶からモニカの家が正確に再現された。宇宙人はデイビッドに、「君は人間の優秀性の証だ、君の幸せを願うよ」と言って、デイビッドが大事に持っていたモニカの髪の毛を使って、モニカを一日だけデイビッドのためによみがえらせた。

絶滅した人間が復元された。

新しい朝、ママが目を覚ます。「やっと見つけた」とデイビッドは涙を流す。彼にとって最も幸せな一日の始まりだ。

ヘンリーもマーティンもいない。悲しみもない。

誕生日のないデイビッドのために、二人はバースデーケーキを焼く。デイビッドのケーキにろうそくが立つ。

「さあ願い事を言って」モニカが言う。

「夢はもうかなったよ」デイビッドがそう答える。

夜が来る。デイビッドはみずからカーテンをひき、ママが眠りにつく。

「いい一日だったわね、心から愛しているわ、デイビッド。ずっとずっと愛していたのよ」

ママはそう言って二度と覚めない眠りにつく。

長い間待っていた一瞬が来て、過ぎていった。

ロボットであるデイビッドは眠らないはずなのに、デイビッドもこの夜は眠りについた……。

［A. I.：Artificial Intelligence. ワーナー・ホーム・ビデオ、日本語吹き替え版、翻訳・戸田奈津子 2002 参照］

お子様は愛情を疑えない

およそこういう話だ。いくつか指摘したいことがある。

まず、結末はスピルバーグ監督らしいお子さまエンターテインメントになってしまったという多くの評者の意見に私も同感だ。お子さま的と感じるのは、人間の愛情が、二〇〇〇年後にやってくる宇宙人にとっても、素晴らしいものであるとしてしまうナイーブさと人間中心主義とセンチメンタリズムに対してである。しかも、人間の愛情の身勝手さや、うつろいやすさ、変わりやすさを逆照射するために、メカに組み込まれた、特定の他者にだけ無限ループのように向かいつづける愛を示しておきながら、そのメカに組み込まれた人工的な愛のほうを、じつはこれこそ本物の人間の愛なのだといわんばかりにそれを救済してしまうやり方に対してである。

観客は、人間の愛情の身勝手さや、うつろいやすさ、変わりやすさを見せつけられて、不快に思う。人を愛する気持ちにおいて人間はロボットにかなわない。そういえば犬にもかなわないかもしれない、などともふと思ってしまう。自分のことをいわれているようで陰鬱な気分になる。だが、最後にデイビッドが二〇〇〇年も愛を貫いたご褒美に、人間にしてもらえたことを目撃し、観客の不快感は解消し、感動に涙ぐむ。感動することで、観客はデイビッドの側に自分を位置づけることができる。これでは作品の本来の意図は台無しではないだろうか。

次に思うことは、人間が美化する愛は、人間的なものでなく、むしろロボット的なものだということである。この映画はそれを皮肉ろうとしたものだったのではないか、そして、そうした愛ははたして美化されるものなのかという問いも含めようとしたのではないだろうか。少なくともキューブリック監督にはそのような企みがあったのではないだろうか。

デイビッドはモニカをひたすら求めつづけた。それは、むしろ、A.I.である彼の限界であるのかもしれない。人間ならば、諦めて、他に愛を向けたり、仕事に生き甲斐を求めたり、ということができるのに、あらかじめ一人の人間を愛するように、そしてその人からの愛を望みつづけるようにプログラムされているデイビッドにはそれができない。

人間の愛の変わりやすさ、うつろいやすさ、状況変化への順応性は、いざというときには、人は愛のループからの脱出能力をもっているということであり、それは人が生きていくためにはどうしても必要なことだ。そうであっても、人はこのことが不愉快なのだ。それを認めたくないものだから、本物の愛情を希求する。

キューブリックは、この映画で愛情に対する人間のないものねだりを皮肉っぽく描ききるつもりだったのではないだろうか。

第三に、ホビー教授の愛のプログラミングはとても単純だということだ。デイビッドはモニカの感情を考慮することなく、自分の感情だけに従ってモニカを求めつづける。これがホビーの考える愛であり、その模倣である。モニカが母親であり、デイビッドが子どもロボットであるために、ホビーのプログラミングの致命的な欠陥は目立たないが、デイビッドの行動パターンはほとんどストーキングと変わらない。愛する人が自分以外の他者を愛しているとわかったら、愛する人のためにも自分のためにも、自分の感情を抑えて愛する人から離れていくというような高度なプログラミングはなされていない。デイビッドはかわいそうなストーカーなのだ。

第四、なぜ人はペットやロボットも愛することができるのかという問いである。

この問いには、まず生物学的な、本質主義の立場からの回答がある。

人間には、子どもを育てたいという欲求があり、それは遺伝子の用意したプログラムにより規定されている。この欲求を押さえ込むことはむずかしい。そこで、この愛情プログラムを押さえ込むのでなく、欺くほうが有効だ。さいわい、人間の愛情プログラムは、見た目(外観や仕草など)によって、身勝手に発動する。だから人はペットを飼い、ペットの世話をすることで愛情プログラムを欺くことができる。

では、構築主義の立場からの回答はなにか。

子どもを育てたいという欲求があるとすれば、それは多分に文化的な力による。子どもを価値づけ、子どもを愛することを価値づける文化がこうした欲求を養っていく。子どもは実体概念ではなく恣意性をともなう概念である。だから、ペットも子どもとみなすことができるし、ロボットも子どもとみなすことができる。さらには、実の子どもであっても、場合によっては子どもとみなさないことも可能になる。

この映画が依拠するのは明らかに前者の立場である。ついでにいえばセクシュアリティもまた、遺伝子プログラムにより規定されており、しかもそのプログラムもまた欺くことが可能だという見方を示している。ジゴロのジョーの客は、彼がロボットだと知っていても、甘い言葉とムードとセックステクニックによって、セックスやアバンチュールの対象として人間の男よりジョーを好む。

人間は愛情を何に対しても向けることができる。その持続を望みつつも、けっして静的(スタティック)ではなく、つねに更新し変化する。だからこそ、人は生きていける。そのことを認めて、むしろ人や自分の愛情のうつろいやすさを責めるのはよしにしよう、というメッセージの出し方もあったかもしれない。もちろんそうするには、大幅にストーリーは書き直されなければならないのだが。

いずれにせよ、次のことはいえるのではないか。

モニカたち人間のデイビッドたちメカへの暴力とは、本物と偽物という観念にいつまでもとらわれ続ける者たちの暴力だということである。しかも、この者たちは、そうしたとらわれを逆手にとって、自分の都合によって、このとらわれを強めたり、弱めたりするしたたかな者たちでもあるということも付け加えるべきだろう。

第4章 セクシュアリティのツボ

1 人は自己の特権を侵さない者にそそられるのか

纏足というおこない

かつて中国には纏足《てんそく》というものがあった。あれはいったいなんだったのか。そのことを確認することから本章を始める。

纏足は、入れ墨や割礼《かつれい》と同様、身体の特定部分を長期的もしくは永続的に変形させる習俗、「身体加工」の一種である。

足は、からだを支え、歩くのに使う器官であり、移動のための道具という側面が強い。だが、それと同時に、足は権力関係を示すものでもあり、また繁殖や性器を象徴する部位でもある。

纏足とはなにかと問われれば、おそらく大半の人は、かつての中国の家父長制が発明した非人道的で、女性抑圧的な古色蒼然たる女性拘束の方法だろうと答えるので精いっぱいだろう。

そういう私たちに、坂元ひろ子の論文「足のディスコース―纏足・天足・国恥」は纏足について考える機会、ひいては、セクシュアリティと暴力、セクシュアリティと障害について考える機会を与えてくれる。

坂元によれば、纏足という激痛をともなう身体加工の習俗は千年以上も続いた。しかも満州族王朝の清朝では、辮髪《べんぱつ》強制とともに纏足禁止が布告されながら、激しい抵抗をともなった男の辮髪がけっきょくは普及したのに対して、纏足の廃絶は実現できなかった。
まず纏足はジェンダー・アイデンティティばかりか、その最盛期には漢族エリート・アイデンティティの象徴ですらあった。また纏足の維持は漢族男性の満州族支配への抵抗でもあった。男性の髪形はあまりにもあからさまに政治的立場を表示するため、公然と辮髪に抵抗することは自殺行為であった。だが、纏足は秘匿することが可能であり、危険を冒すことなく、密かに抵抗することができた。しかも、纏足禁止に屈服することは、漢族男性が私的に所有する漢族女性の秘めたる部分にまでふみこまれたことを意味するから、纏足を維持することは漢族男性の自尊心の最後の砦、死守すべき生命線であった。

纏足のための作業は骨の柔らかい三、四歳から始められる。親指以外の指を足の裏に折り曲げて布でしばり、小さい靴をはかせる。七、八歳になると足の甲骨を脱臼させ、弓状に曲げてちょうど形としては、足そのものをハイヒール型に変形させる。すると踵から爪先までの長さは半分以下、「三寸」そこそこのサイズに抑えられる。この形成過程では足の激痛はいうまでもなく、時に発熱におそわれ、「麻木不知」、感覚がなくなるまで耐えなければならない。睡眠時にもしばりつけていることからも、衛生的とはいえず、消毒の工夫もあったようだが概して発酵臭が強い。それになんといっても歩行に不便で、常時、鬱血状態で傷を負いやすい。

［坂元ひろ子 2000：147］

イノセンスへの欲情

いろいろな説があるようだが、纏足はどうやら一〇世紀あたりから社会的現象になりはじめた。少なくとも宋代ではまだ宮廷内、貴族階級に限られていたが、しだいに、上流階層のファッションから、一般の富裕な階層にまで浸透していき、もっとも流行するのは明清時代であった。

纏足にはさまざまな機能がある。まず、纏足は男の優越性を確固たるものにする。纏足により女性の運動能力ひいては自立性は決定的に弱体化する。男は、男なしでは生きていけない女の弱さ、依存性に惹かれ、セクシュアリティを起動する。「美しくしつらえた刺繍の小さな靴もろとも、腐臭すら「消魂に足る」「甜い」「玉香」として愛した「拝蓮狂」の文人は少なくなかった」。女をけっして自分を脅かさない存在とすることで、男は安心して女を愛することができた。あるいは玩具化することができた。

纏足には貴族層、富裕層とそうでないものを分ける機能もある。女性の肉体労働もあてにしなければやっていけない貧困層では、纏足の女性は嫁としては不都合だった。妻の肉体労働を必要としない裕福な男性だけが、纏足のお嬢様を嫁にする特権を享受することができた。それはいいかえれば、裕福な男に嫁ぐことが予定されているお嬢様にのみ纏足が可能だということであり、したがって女にとっても、働かなくてもよい身分の証である纏足は、ステイタスであった。

上に立つものは「身体を労さない」のが儒教的な理想でもあったため、身分の高い女の脱労働力化は儒教思想によっても正当性が与えられた。

纏足には漢族のエスニック・アイデンティティという側面もある。とりわけそれは清代に強まる。満州族王朝である清王朝支配化にあって、漢族にとって纏足は漢族アイデンティティのよりどころであった。

おそらくかつての漢族の男性たちは、小さな足にフェティッシュな快楽を想像することができたから纏足を発明したのだろう。あるいは、発育を抑えられた足で歩くには臀部以下の下肢の揺動が必要なことをみこんで、それにそそられて纏足を考案したのかもしれない。だが、纏足が発明されたのちに、視覚的快楽は一挙に増幅されたにちがいない。そして、小足を掌にのせて匂いを愛でて愛撫するなどの、臭覚・触覚にも及ぶフェティッシュな快楽も事後的に発明されたと考えられる。

だが労働を軽視する文化が動揺し、労働を重視する文化が流入すれば、さしもの千年も続いた上流女性のファッションも終焉に近づく。近代になって纏足批判は一挙に高まる。

そこでの纏足批判は医師や宣教師からのものが多い。医師は、纏足から女性の身体全体の不調がもたらされることを説いた。宣教師は、「女性は纏足しているので少し遠い教会に礼拝にいくこともかなわないし、塾に行って学ぶこともできず、婦人の教化は損なわれている」と指摘した。

やがてそうした西洋的なまなざしを内在化した知識人のあいだに「肉体が脆弱なのは国民の母がみな纏足に固執するためではないか」という疑念が浸透する。

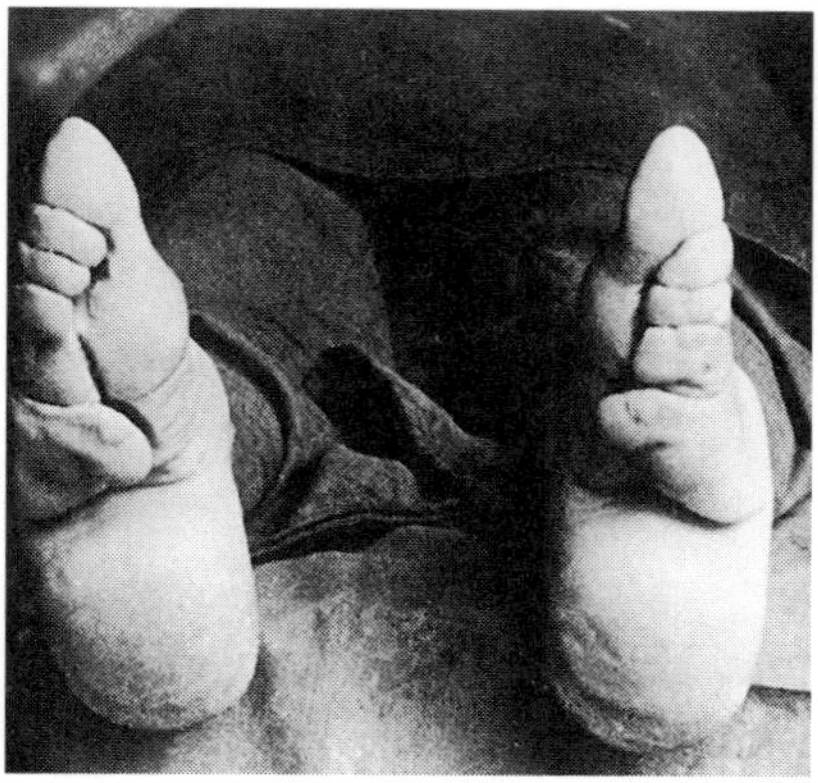

パリ人類博物館所蔵の「纏足」の写真。バーナード・ルドフスキー『みっともない人体《からだ》』（加藤秀俊・多田道太郎訳鹿島出版会、1979 年）より。

文人からもてはやされ、重労働を免れる「良き結婚」のための最大の武器、女性美・洗練度の象徴どころか、「わが中華千百年来の国粋」とまでいわれた纏足。その末路は大逆転、あまりにも惨めなものとなった。

［坂元ひろ子 2000：158］

古色蒼然とした纏足の話を書いたのは、足を変形加工して女性から歩行能力を奪い、いわば運動障害者とすることで、上流社会の少女がお嬢様となっていくという話は、セクシュアリティと障害の関係を考えるうえでなにかしら示唆的なものを含んでいるのではないかと予感したからだ。

盲目の娘やろうの娘や車椅子の娘のはかなさ、弱さ、イノセンス、みたいなものにそそられてしまう男のセクシズムに彩られたセクシュアリティは、昔話なのだろうか。家事労働や育児労働に不安がある（気がする）ので結婚の対象にはならないけれども、美しい気だてのよい感情ワークのできる女性であれば、恋愛やセックスの対象には十分なるというような。

浮浪者と盲目の娘

纏足があるのなら、論理的には娘をわざと失明させたり、ろうにしたりすることで娘をお嬢様にしていく社会があったとしても、私は驚かない。そういえば、チャップリンの『街の灯』という映画にも花売りの盲目の娘が出てくる。こんな話だった。

＊

むさくるしい、街の浮浪者。帽子にステッキ、背広に蝶ネクタイと格好は一人前だが、破れてぼろぼろ。ステッキを振り回し、尊大な態度で闊歩しているが、強い者、大きい者にはめっぽう弱い。警官の姿に怖気づき、駐車してあった車の中を勝手に通って歩道に出ると、そこには貧しい盲目の花売り娘がいた。娘は、車から降りてきた浮浪者を、車を所有する大金持ちだと勘違いする。

お金持ちに花を差し出す娘。たぶん「サー」と呼びかけられたのであろう、最初花売り娘にも尊大な態度で接し、そっちの花をよこせと譲らない。彼に触れて路上に落ちた花を手探りで探す彼女の姿を見て、彼女が盲目であることがわかる。彼の態度は突如思いやりに満ちたものに変わり、なけなしのコインを彼女に手渡す。

彼女のことが忘れられず、手渡された花を大切に持って町をさまよう浮浪者は、自殺寸前の紳士と出会う。彼は、妻に家出されたことを悲観しているらしい。ぐでんぐでんに酔っ払っている彼をどうにか思いとどまらせ、金持ちの「生涯の友」となる。

街に飲みに繰り出した彼らは、楽しい一夜を過ごす。朝帰りをし、まだ酔いが覚めない大金持ちの「花を買いたい」の一言に、浮浪者はみずから使いを買ってでて、大慌てで花売り娘のところにとんでいく。そして、かごいっぱいの花を買占め、大金持ちから預かったお金すべてを渡したうえに、車で彼女を家まで送る。

ところが、戻ってみると、酔いから覚めた大金持ちは浮浪者のことをまったく覚えていない。浮浪者はただの浮浪者となり、追い出されてしまう。

花売り娘はといえば、大金持ちの行為にすっかり感激し、夢見心地である。

「きっと、その人はお金持ちなのだろうね」という祖母の言葉に、彼女は「ええ、でもそれだけじゃないの」と答える。娘は彼が来るのを心待ちにする。

街に放り出された浮浪者がこっそり花売り娘の家を訪ねてみると、彼女は熱を出して寝ていた。娘を助けたい一心で、浮浪者は働き出す。馬糞拾いの仕事をして稼いだなけなしのお金で食料を差し入れたりする。さらに、ビエンナの医師が盲目の治療に成功した新聞記事を持ってきて、娘に読み聞かせる。「すばらしいわ！　あなたを見ることができるわ」と希望をもち喜ぶ娘の様子を見て、浮浪者も一緒に喜ぶのだが、そこではたと気がつく。もし見えたなら……。

そこに届いたのは、家賃を支払えないなら立ち退けという無情な通知。二二ドルなどという大金は、娘と祖母には払えない。悲しみにくれる娘に、「まかせておけ」と力強く請け負って帰るのだが、仕事に遅刻した彼は、馬糞拾いの仕事さえ失ってしまう。

勝ったら五〇ドルが手に入るという話につられ、怖くてたまらないくせに、ボクシングの試合にまで出る。苦しい試合のさなか、思い浮かぶのは彼女のこと。彼女の幻の励ましにもかかわらず、浮浪者はこてんぱんにやられてしまう。それでもなお、娘のためにお金を手に入れようと町をふらつき歩く。

ヨーロッパから帰ってきた大金持ちと再びばったり会った浮浪者は、また豪邸に招きいれられる。そこに待ち伏せしていたのは、二人の強盗。それとは知らずに酒を酌み交わす二人。

酔った大金持ちは、「彼女のことは心配するな。一〇〇〇ドルあれば足りるだろう」と浮浪者にお金を渡す。機を見て襲いかかってきた強盗たちに殴られ気を失った大金持ちは、正気にかえると、浮浪者にお金を渡したことをまったく覚えていなかった。通報によって駆けつけた警官に強盗犯として突き出され、捕まりそうになった浮浪者は危ういところで逃れ、なんとか娘の家まで辿り着く。

彼のことを待ちわびていた彼女。訪問を喜ぶ彼女に、浮浪者はお金を差し出す。感激に耐えない彼女の態度に、自分のためにとっておいた最後の一枚のお札まですべて差し出す。「僕は行かなくてはならない」という彼からは、尊大な態度も気取りも消え、彼女への大きな思いのみが見られる。

けっきょく、彼の容疑は晴れなかった。街で張り込んでいた刑事に捕まり、刑務所暮らしは長期にわたる。

そのあいだに目の手術をすませた花売り娘は、街角にこぎれいな花屋を開く。彼女は、自分にお金をくれて視力を回復させてくれた恩人は、どこかの裕福な貴公子だと信じて、ロマンチックなあこがれを持ちつづける。

ある日、娘は、店の前で悪童にからかわれている浮浪者に目を止める。彼があまりにも滑稽だったからだ。浮浪者に同情した彼女は、一輪の花を差し出す。彼女だと気づいた彼は、呆然としながらも、彼女の目が見えることを知り、微笑む。その微笑みの意味を知らない彼女は、「この人、私を好きなのよ」と言って花を手渡そうとするのだが、彼は、微笑みながら呆然としたままだ。彼女はそれでも花を手渡し、さらに小銭を恵もうとするのだが、我に帰った彼は、たじろぎ、逃げ出そうとする。その彼の手に触れる。そのとき彼女の表情が変わる。


彼女の唇がかすかに動く。いぶかり、疑いながらも。

字幕に「Ｙｏｕ?」(あなたでしたの?)と短く出る。

小さくうなずく彼。「見えるようになった?」という問いに、「ええ、見えますわ」と答えた彼女は、万感の思いを込めて彼の手をとり、胸元に当てる。

にっこり笑った彼の顔がフェードアウトする。

＊

まちがいなく感動的な映画だ。無声映画なので私は鑑賞することができないのだが、見たらきっとラストシーンで泣くだろう。けれども、次のような問いも脳裏に浮かぶだろう。このあと二人はどうなったのかと。

浮浪者は、盲目の娘の弱さ＝イノセンスに恋したのだとすれば、はたして彼は、花屋を経営しているしっかり者の若い女性に同じだけのイノセンスを感じることができるかどうか。彼女の優しさ、彼を軽蔑しない聡明さに再び心を動かし、新しい彼女に恋心を抱く可能性はあるけれども、もしかすると、けっきょく浮浪者と娘は、二度と会うことはなかったのではないか、なんとなくそんな気がするのだ。

「You?」
写真協力：㈶川喜多記念映画文化財団

2 私はアンビバレンスに魅了される

右と左

人はどのような他者をセクシーと思うのだろうか。もちろん人さまざまだろうが、その人のコアをかいまみせてもらうよい機会でもあるので、友人たちにメールを送って「自分のセクシュアリティのツボを教えてほしい」と依頼した。

ぶしつけなメールだ。予想どおり男の友人たちからは返事が返ってこない。自分の手のうちを見せたくないのだろうか。開示するふりぐらいしてくれてもいいのにと思うのだが、友達甲斐のない人たちだ。編集者だけはちょっとだけかいまみせてくれた。

白石さんのメール。

私が惹かれるのは、左利きですね。

「障害」とはいえないけど、「正常」からの違和感はたしかに醸し出してる。あっちにもこっちにも行ける感じ。完全にあっちの領域まで行ってしまうと、もう興味がなくなる。もちろん完全にこっちでも。

石川のメール。

僕も左利きの女性はセクシーだと思います。

往年の左利きの美人プロボウラーのことを思い出しました。たしか野村プロといったなあ。関西アクセントがあって，小柄で，声も素敵でした。

ところで，白石さんも気づいていたと思いますが，僕は人と歩くときはかならず左側を歩きます。右手の人差し指と中指と薬指で，相手の左腕の肘を軽く触って歩くんです。左を歩きたがるのには理由がありま す。といっても，別に左腕好きだからではありませんよ。

僕が初めてつきあった人は，目の見えない女の子でした。高校の同級生でした。日曜日は，いつも腕を組んで散歩し，ベンチに並んで座ってたわいもない話をしたものです。東京カテドラルが僕らのお気に入りの語らいの場所でした。

ところで，いっしょに歩くとなると，どちらかが左側を歩かなければなりません。左側を歩くには，左手で杖を操作しなければなりません。右利きにはそれはかなりたいへんでした。どうしても操作はぎこちなくなり，歩きづらいのです。また利き足でない左足が外側というのも，つまずいたときにこらえられない危険があります。もちろん僕が左側を歩きました。

以来，僕は左側を歩きたい人になってしまったというわけです。右側だとなんとなくバランスが悪くてしっくりこないんです。

祖母の家の子

自分が語らなければ人は語ってくれない。やむをえない。かなり恥ずかしいが，母方の祖母が大好きだったという話をする。

私の祖母への思いは異常なほど強かった。それは『A・I・』のデイビッドのインプットされてしまった愛のような、衰えることのない感情だった。デイビッドと私が違うのは、祖母もまた愛情ロボットのように、私を溺愛したことだ。他の孫には見向きもせず、そのえこひいきたるやひどいものだった。一歳違いの妹が生まれるにあたり、私は祖母にあずけられたのだが、祖母は私を返すのが嫌でなかなか返してくれなかったのだそうだ。

町からは五キロほど離れた山間に祖母は住んでいた。小さな湯治客専門の温泉旅館を祖父が経営していたからである。

駅前からこの温泉行きのバスが出ていた。小学生になっても私が祖母に会いたがるので、土曜日の午後になるとほぼ毎週のように、母はお金を持たせて私をバスに乗せてくれた。

なぜだかは忘れてしまったのだが、どうしても土曜日まで待てないことがあったのだろう。小学一年生だった私はもちろんお金など持ってはいない。バスに乗るにはお金がいることを私は知っていた。一度お金を持たずにバスに乗り、降りるときになって、お金ない、と答えたら、お金ないのにバスに乗っちゃだめだよ、とバスガイドにたしなめられたことがあったからである。どうしよう。そうだ、バスに乗れなければ、歩けばいいんだ、そのことに私は気づいた。親には内緒だった。気弱な少年だったから、ほんとうにおばあちゃんに会えるのだろうかと不安でたまらなかった。

舗装されていないバス道を、次の停留所をひとつずつ目指して歩いた。三時間近く歩いただろうか。ようやくにして祖母の住む旅館が見えてくると少年の私は走り出していた。その後も、同じようにして何度も祖母に会いにいった。

やがて温泉旅館を人に譲って、祖父たちは町に引っ越してきた。新しく建てた家は小学校へ行く道の途中、中学校のグラウンドの真正面にあったので、私は高校一年生の一学期まで祖母の家に入りびたりだった。一週間に三日や四日は祖母の家で寝泊りしていたのではないだろうか。

中学生になっても、いまだに「祖母の家の子」だった私を取り返そうと、母は、自分の家にもどるように指導してほしいと学校の担任に頼みこんだ。それで、やむなく私は実家から学校に通うようになったのだが、不眠症になってしまった。どうしても眠れなくて、深夜になると家をこっそり抜け出し、祖母の家に行って祖母の隣に布団を敷いてもらって寝て、朝になると実家にもどるという、なんとも恥ずかしい中学一年生だった。

私は高校一年の七月から、目の病気で二年間入院生活を送ることになり、退院と同時にそのまま東京の盲学校に入学し、寮生活を始めたので、実質的には、ふるさとを離れるときまで、祖母の家に入りびたりだったことになる。

二五歳のときに私がいちばん恐れていたことが起きた。祖母が亡くなったのだ。私はいくら泣いても涙が止まらなかった。

誰も見ていないときに、遺体となった祖母の顔に、自分の顔をすりつけていた。

私と祖母の関係は、冷静に分析すればセクシュアルな関係だったといわざるをえない。

母は実の母親に息子をとられて、どう思っていたのだろう。

私の気持ちが祖母に向かったもう一つの理由は、祖母は母よりはるかに死に近いところにいるという切迫感だった。

母は、父の理不尽さに苦しめられながらも、元気な人だった。思考が理系的であること、せっかちなところ、思い立ったらすぐに行動するところなど、母と私は共通点が多い。繊細ではないが有能な人だった。なにしろ大学受験の参考書と問題集はほとんどが母によって録音されたのだから。数学や物理の複雑な式も苦にせずばりばり読んでくれた。

そういう母だったから、彼女は死からは遠いところにいた。いま母は、亡くなった自分の母親の年になった。顔立ちはいまや祖母にそっくりだそうである。ところが私のイメージのなかにある母は四〇代のころのまだ若々しい母なのである。死に近いところにいるという切迫感を私は感じることができずに困っている。

ついでだが、私の記憶にある私の顔は一六歳のときのものである。いまはそれにプラス三〇した年だ

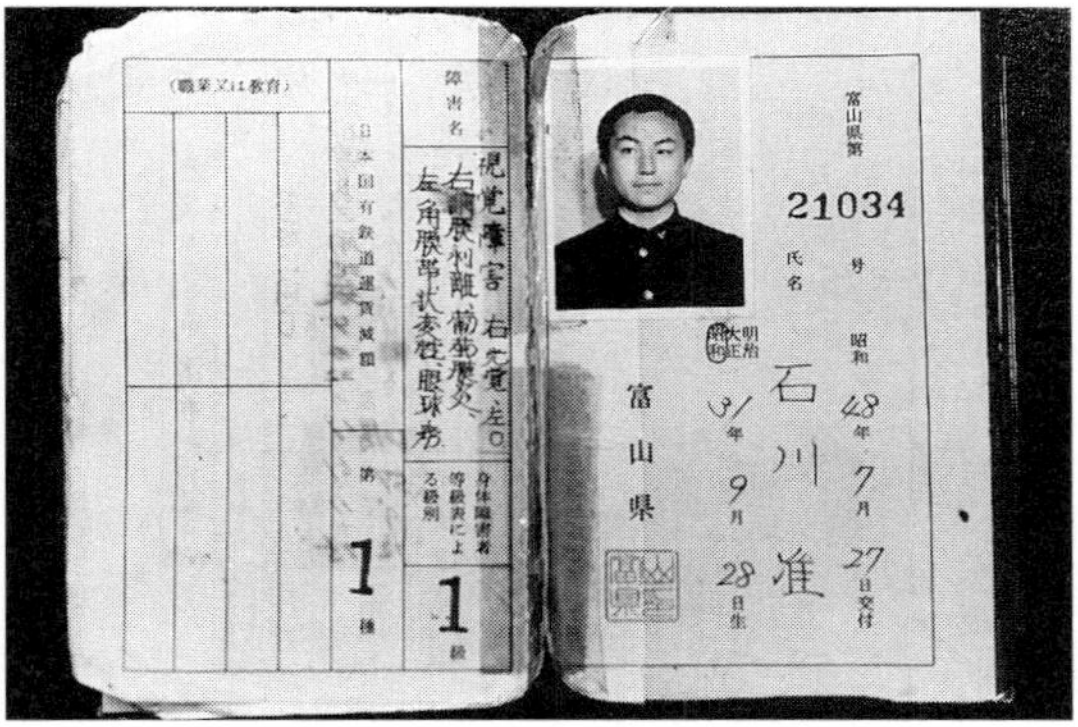

石川氏の身体障害者手帳の写真も 16 歳のままだった。30 年使いつづけて角がすり切れている。

が、だから、いまもって青年だと、とんでもない思い違いをしている。通常は鏡に映る自分の顔をときおりしげしげと眺めて、ああ自分もこういう年になったのかと、自己イメージを少しずつ微調整していくことができるのだろうが、私にはそれができない。

五〇になっても六〇になっても青年だとの思い違いを保持しつづけるような気がする。私は、できるかぎり青春と朱夏をひっぱりたいと思っているのである。白秋や玄冬には、それなりの良さがあるといわれても、それらの到来を拒む。障害学でも、ありのままの自分を承認することの良さが語られるが、私は、その感覚からも遠いところにいる。

だから、もし私が突然、人工視力によって目が見えるようになったとしたら、自分の顔を見て愕然とするだろう。映画『レナードの朝』のレナードたちのように。いったいおまえは誰なのだ、おまえが私であるはずがないと。

自分のツボは自分で探せ！

私のセクシュアリティのツボはどこにあるのだろう。ＫＪ法というものがある。通常これは複数でおこなうのだが、ここでは、ひとりＫＪ法をやってみよう。

石川がセクシーと感じるもの：

競走馬　レーシングカー　モデル　お嬢様　ジェリー・ライス　ナット・キング・コールの甘くハスキーな歌声　城達也のダンディーで甘い声　モデルのはなちゃんのちょっと鼻にかかった凛としていてフェミニンなしゃべり方　マーティン・ルーサー・キングの力強く誇り高い演説　オードリー・ヘップバーンの顔＋池田昌子の声　榎木孝明の声　中井貴一の声　松島菜々子の声　山寺宏一の声　仲代達矢

山下達郎の透明感のある歌声　ジャニス・ジョップリン　ブルゴーニュグラス　シャア・アズナブル　イバニセビッチ　ナイジェル・マンセル　ロッド・スチュワート　スティービー・ワンダー　綾波レイ　ミシェル・フーコー　フランス語　水泳選手の鍛えられた体　ブラジャー　超ミニ　かつてのコカコーラのボトル　カクテルグラス　登山家　パイロット　ヨット　飛行機　台風　豪雨　雪　落雷　アルペンスキーの滑降　クォーターバックからワイドレシーバーへのタッチダウンパス　高度な技術を駆使して作られたソフトウェア　ラグビーボール　フットボールのユニフォーム　PC　水着　プロポーション抜群の女性の体　バイオリン　チェロ　トランペット　コントラバス　ドラムス　クラシックギター　ジャズ　ゴスペル　チェスの駒　ビリヤード　ルーレット　ダーツ　サイコロ　トランプカード　ソルティドッグ　マルガリータ　マティーニ

挙げていけばきりがない。セクシー、セクシーと考えていくとあらゆるものがセクシーに思えてくる。好きなものはなんでもセクシーと呼びたくなる。

ちなみに、これらはすべて私がなんらかの形で感受できるもののリストだが、読者は、目の見えない私が、どれを直接的に感受し、どれは間接的に感受しているかということが気になるかもしれない。じつは、これを厳密に言おうとすると意外にたいへんなので、ここでは単純に、アルペンスキーの滑降やクォーターバックからワイドレシーバーへのタッチダウンパスのスリリングさは、スポーツアナウンサーの実況放送を通して享受しており、水着というときは、見えていたときの記憶にある誰かのビキニスタイルを想起して興奮しているのであり、プロポーション抜群の女性の体は、直接触れた折の感触であり、鍛えられた水泳選手の体というのは、かつてテレビで見た男子水泳選手たちの逆三角形の美しい体の記憶であるといっておく。

さて、次のステップである。出てきたものを抽象的な基準を設定せずに、直感的にグループ分けして、その後それらのグループに名前を付けていくのがＫＪ法の第二ステップである。

グループ１：

ナット・キング・コールの甘くハスキーな歌声　城達也のダンディーで甘い声　モデルのはなちゃんのちょっと鼻にかかった凛としていてフェミニンなしゃべり方　オードリー・ヘップバーンの顔＋池田昌子の声　榎木孝明の声　中井貴一の声　松島菜々子の声　山寺宏一の声　ロッド・スチュワート　スティービー・ワンダー　仲代達矢　山下達郎の透明感のある歌声　フランス語　バイオリン　チェロ　トランペット　コントラバス　ドラムス　クラシックギター　ジャズ　ゴスペル　台風　豪雨　雪　落雷

グループ２：

競走馬　レーシングカー　シャア・アズナブル　イバニセビッチ　ナイジェル・マンセル　ジャニス・ジョップリン　綾波レイ　マーティン・ルーサー・キングの力強く誇り高い演説　ミシェル・フーコー　お嬢様　パイロット　登山家

グループ３：

ジェリー・ライス　アルペンスキーの滑降　クォーターバックからワイドレシーバーへのタッチダウンパス

グループ４：

モデル　ブラジャー　超ミニ　水着　プロポーション抜群の女性の体　水泳選手の鍛えられた体

グループ５：

ソルティドッグ　マルガリータ　マティーニ

グループ6：
ブルゴーニュグラス　カクテルグラス　かつてのコカコーラのボトル　チェスの駒　ラグビーボール　フットボールのユニフォーム
グループ7：
高度な技術を駆使して作られたソフトウェア　ヨット　飛行機　PC
グループ8：
ビリヤード　ルーレット　ダーツ　サイコロ　トランプカード

これらのグループにラベルを貼ってみる。
グループ1は、「声と音」と名付けよう。グループ2は「アンビバレンス」か。グループ3は「アクロバティックなもの」だろうか。グループ4は「裸体と肌に着けるもの」、グループ5は「酒」、グループ6は「感触の良いもの」、グループ7は「高い技術」、グループ8は「賭博」としよう。

第三のステップは、これらのグループをさらに大グループにまとめる作業である。

大グループ1：
グループ2　アンビバレンス
グループ8　賭博
大グループ2：
グループ4　裸体と肌に着けるもの
大グループ3：
グループ1　声と音

グループ5　酒
グループ6　感触の良いもの

大グループ4：
グループ3　アクロバティックなもの
グループ7　高い技術

これらの大グループにも名前を付ける。大グループ1は、やはり「アンビバレンス」、大グループ2は「裸体と肌に着けるもの」、大グループ3は「味わえるもの」、大グループ4は「卓越したもの」としよう。

美しい裸体や裸体を包むものをセクシーと感じるのは誰しもそうだろう。私に特徴的なセクシュアリティのツボはアンビバレンスである。速いがもろいもの、強いが弱いもの、力強いが悲しげでもあるもの、冷静だが情緒的でもあるもの、柔らかいが凛としているもの、知的だがおろかなもの、優しいが冷たいもの、日常性と非日常性が混在しているものなどだ。

アンビバレンス

自分をアンビバレントな人間だと思っているから、アンビバレントなものをセクシーと思いたいのか、アンビバレントなものをセクシーと思うから、ことさらアンビバレントな感じ方や振る舞い方をするのか、あるいはその両方なのかは、私にもわからない。

石川のメール。

　僕は、どうやらアンビバレンスによってセクシュアリティが起動するようです。

だから、暴力がセクシュアリティと関係するとしても、僕の場合は、単純に強い女が好きだとか、弱い女が好きだということはないんです。強い女が好きな男はなぶられたい、支配されたいという欲望をもつようだし、弱い女が好きな男は、自己の優越性が脅かされないという自信によってセクシュアリティが起動するのかもしれないし、制御し保護する関係からセクシュアリティが立ち上がるのかもしれないし、あるいは暴力を振るうことが性的興奮となるのかもしれない。しかし、暴力を振るわれることが快楽だというMと暴力を振るうことが快楽だというSとは本質的には同じだと思います。

アンビバレンスをセクシーと感じることで、暴力とセクシュアリティのエスカレーションには歯止めがかかるのではないかと自分では思っています。つまり、これならば、DV男にはならないで済むし、マゾヒスティックな生き方にも魅了されずに済むというわけです。

実際、暴力的なセックスは嫌いです。男らしさの呪縛があって、強くなければならない、たくさん感じてもらえるように、ベストを尽くさなければならないという思いにとらわれてはきましたが、攻撃性によってマスキュリニティを証明しようとは思わないし、逆に攻撃されることを快感とするような自己への暴力を求める欲望もありませんでした。

白石さんのメール。

違和感派も、その違和感の振幅を大きくしたアンビバレンス派も、もちろんジジババ派も、セクシュアリティが起動する条件として「安全」があるように思います。なのになぜ「安全な人ってセクシー!」っていわれないんだろうか。

安全という一般条件の上にさまざまな特異条件が乗っているとしたら、その特異条件のみが語るに足ると思われているからなんでしょうね。だけど、人は生きているだけで他者とつながってしまうような、ある過剰さをそなえているのだから、安全性の強調こそがモテる道だったのではないのだろうか(今さら気づいても遅いけど)。

「他者を制御しようとする欲望と、他者を制御したくないという気持ち」というアンビバレンスを帯びた人は、徹底的に暴力的にはなれないし、徹底的に他者に自分を投げ出すこともしない。私は暴力を発動しないが、あなたの暴力を許容もしない。それが、他者とつながってしまう存在である以上、人が身に付けたほうがよい居ずまいである。他者への礼儀の多くはそうしたものではないだろうか。

であれば、自己の安全性の証明は、他者への礼儀における必要条件だが、それだけでは十分ではない。他者の暴力を誘発しないように、凛としていることも礼儀なのではないだろうか。

私は、相手が女性の場合には、そうした居ずまいに、私がフェミニンと感じてしまう要素、知性とか美声とかプロポーションの良さとか、ふわっとした感じとかエレガンスとか優しさというようなありふれた要素が加われば、もうそれだけでセクシュアリティが起動する。

しかし、男性の場合はもっと条件が厳しくなる。礼儀正しいというくくりかたで、その人のアンビバレンスが消失してしまう場合には、ダンディだとは思っても、セクシーとまでは思わない。

マンセルの無謀と挫折

私がとくに惹かれるのは身体の他者性により、その人の欲望なり、意志なり、企てなりが挫折してしまうような人だ。惹かれる男性はこのタイプだ。だから、シューマッハやサンプラスでなく、マンセルやイバニセビッチのように、力はあるのに感情を制御できないばかりに敗北を繰り返す競技者に私はついつい肩入れしてしまう。

二〇〇一年のウインブルドンのイバニセビッチの優勝には、だからほんとうに感動した。すでに全盛期は過ぎ、肩も痛めていた。ラインジャッジの判定ミスに動揺し、感情のコントロールを失って自滅しそうになるとなぜか雨が降り出し、タイムがかかったり、雨天順延になって救われたりしながら、ついに悲願の優勝、映画のような筋書きだった。坂井利郎さんのジェントルかつ情熱的な解説がまたすばらしかった。

ナイジェル・マンセルも大好きだった。アラン・プロスト、ネルソン・ピケ、アイルトン・セナたちと堂々と渡り合ったF1の歴史に残る屈指のドライバーであり、晩年には悲願のワールドチャンピオンにも輝いたが、概してプロストやセナの栄光の陰で名脇役を演じさせられたといえるだろう。

一九八九年のポルトガルGPで事件は起きた。マンセルは、給油のためにピットインするが、勢い余って自分のピットに停止できず、数メートル行き過ぎてしまう。どんなに悔しくとも、優勝するには致命的な時間のロスだとしても、もう一周走ってきて、再度ピットインするしかない状況である。しかしマンセルはこともあろうに、リバースギアに入れてバックしたのだ。レースでリバースギアを使うのは反則も反則、もう論外の行為だ。こんな反則を犯すドライバーはマンセルの前にも後にもいない。しかしマンセルは、直ちにピットインして競技長まで出頭せよという黒白二色旗を無視して走りつづける。そもそもこの黒白二色旗がF1のレース中に振られたのもこのときが最初で最後だ。そして怒りの走り。トップを快走するセナをすさまじい集中力で追撃し、ついには追突しリタイアに追い込んでしまう。

まったく誉められた行動ではない。スポーツマンらしからぬ行動の最たるものである。けれども、私はなぜか、そういうマンセルがセクシーに思えてならないのである。

3 セックスを脱規格化する

池川さんのメール。

私は、じつは、ストイックな人間にセクシュアリティを感じます。あくまでも観念の上でですが。たとえば、お坊さんや外科医。

お坊さんに関しては、少し説明が必要かと思われます。実在するお坊さんはとてもストイックとはいえないでしょうが、自分の体験として、あるお坊さんが在家のときの自分の名前を見て、「ああ、こんな人間もいたなあ」という一言をつぶやくのを聞いたとき、「ああ、この人はたくさんのものを捨てて、今ここにあるのだ」と思い、ドキッとして、忘れられない場面になりました。

外科医は、人間らしい感情を押し殺してメスをふるうのであろうところに、やはり魅力を感じます。ポーカーフェイスで静かに戦う棋士なんていうのも、この系統に入ると思います。

ただ、私の場合、ストイックというのは、あらゆる気持ち(欲)をあきらめる(抑制)することが理想なので、そのなかには、「人を想う気持ち」も含まれ、もし私が理想的なストイックな人間に出会ったとしても、その人の好意が私に向かうことはありえないというオチがつきます。

なぜストイックな人に惹かれるのかはよくわかりませんが、なんとなく、人間らしい生々しい感情には、恐怖を感じているような気がします。

私個人としては、「何かに秀でていること」は必ずしもセクシーさには結びつきません。

やはり、まったく違う土俵に立っている人、極論すれば、私の存在なんかに興味を示さない人にこそ惹かれるような……。そうすれば、自尊心を傷つけられる危険を冒さずに済みますから。

……ということで、「特権を侵さない存在にこそ惹かれる」という男性の論理と重なるのではないでしょうか。

石川の返信。

この話、さらにオチがあるように思いました。

万一奇跡が起きて、その理想的にストイックな男性があなたに気持ちを動かしたら、そのときは、もうその人はストイックではなくなるわけだから、そうなったら、池川さんは逃げてしまうというオチです。そうでしょ。

ということは、二人のセクシュアリティが同時に起動することのないようなセクシュアリティのツボをもっているということになりますよね。

けっきょくこれは、他者と親密な関係をもつことを期待しない、あるいは望まない人のツボではないでしょうか。

久野さんのメール。

みなさんのメールを読みながら、私はなぜ笠智衆が好きなのか、しばらく考えてみたんですけれども……。

やはり枯れゆく、あの風情にそそられるのだと思います。風が吹いたらコトン、と息絶えてしまいそうな感じ。

同じ細身でコトンと逝きそうな、という意味で比較すると、病弱な(無菌室から出られないような)文学青年じゃ、だめなんです。年齢を重ねた人、つまりおじいちゃんですね。

でも、同じおじいちゃんでも、歌舞伎役者によくいるような八〇歳にして若妻を娶って子どもを二人も三人ももうけてしまうようなエネルギッシュなおじいちゃんではだめなんです。

歌舞伎役者は年を重ねるごとに芸に厚みが出てくるものだと思うのですが、笠さんの場合はどんどんとシンプルになっていく、そんな気がします。演技も生活も、体の機能も筋肉も、すべてシンプルに薄っぺらく枯れていく……。

そこにセクシーさを感じます。そういう意味では池川さんのストイックというのに似ているかもしれませんが、鍛錬して(無理して)そぎ落とすというのとは少し違いますかね。

いろんなものが失われてもその人に残っている何かに惹かれているわけですが、それが年を重ねた結果ではなくあたかもそこに百年も前から当たり前のようにずっとあったように感じられる、おじいちゃん特有の時間が止まった感じ。

このおじいちゃんは、もうずっと前から「おじいちゃん」でしかない(おじいちゃんが子どもだったころはね、と語りはじめることなどありえない)と思わせるような、あの雰囲気が私のツボなんだと思います。

石川の返信。

笠智衆が好きだとは聞いていましたが、セクシーとさえ感じていたとはちょっと驚きました。

もっとも、セクシーというのは、いわゆる狭義のセックスしたいという欲望を刺激するという意味よりもっと広い範囲をカバーしますよね。もし笠智衆が勃起したら笠智衆じゃなくなるわけで。

でも、抱きしめられたいとか抱きしめたいとか、体をさすってあげたいとかさすってもらいたいとか、それもまたセックスというなら、セックスしたいといっていいですか。

久野さんの返信。

そうですね。性欲も枯れていないと、笠さんではないわけで。

勃起したらどこぞの歌舞伎役者と同じになってしまいますから。

でも、あのおじいちゃんの骨と皮だけのしわしわの手に触れてみたいとは思います。

たぶん、それは一種の性的興奮に値すると思います、私の場合。

今道さんのメール。

私にとってのセクシュアリティは、＝セックスしたい、ですね。

シャネルのエゴイスト、カルバンクラインのＯＮＥの香りに反応します。

ナイスバディ＋ｔａｔｔｏｏ（民族柄のトライバルじゃないとダメです）自分もこっそり首の付け根に入れています。

いつもは髪で隠れていますが、バックになるとわかります（笑）

男性の場合、腕に入っていると反応します。

たぶん「野性」を感じられるのがいいのかもしれません。

石川の返信。

もっともなツボですね。でもひょっとしたらさらにまだ奥にツボがあったりして（笑）

野性派を名乗るとかっこいいから名乗ってはいるけれども、じつは意外なツボも持っていたりして。

人はあらゆるものに対してセクシュアリティを起動できるとんでもない生き物だと僕は思っています。そう思えば、なにもナイスバディでないからといって絶望することはないし、美人じゃないからといって美容整形に走ることもないし、強くなくても、スポーティでなくても、頭脳明晰でなくても、勃起しなくても、セクシーでありうるということじゃないでしょうか。

世の女性がすべて「ナイスバディ＋tattoo（民族柄のトライバル）」に惹かれるなら、僕もなんとしても肉体を鍛えて身体加工も施すでしょう。だけれども、さいわい人は多様なものに惹かれる。社会学者をセクシーと思うマニアックな人もいないとはかぎらない（ほんとうかな？）。だから僕は僕のままでいられます（笑）

ちなみに僕らしさは静的であることではなく、動的であることだと思っています。ありのままというととかく静的な印象を与えますが、そうである必要はないでしょう。

私たちはセックスロボットか

女性は守ってくれる男に惹かれながらも、守りたい男に惹かれる。男性も、守ってくれる女に惹かれつつ、守りたいと思う女に惹かれる。ある女子学生は、守ってくれる度が七、守りたい度が三の男がベストだという。ある学生は九対一がいいという。なかには十対〇が良いとさえいう人もいる。それにしても十対〇とは。身長が一〇％ほど高いのと、体重が四〇％ほど重いぐらいで十対〇はないだろうと私などは思う。いまどきそんなふうに言う女をセクシーと思う男はいないはずだ。

こういうと共依存を助長するといわれそうだが、女性はもっと男性の弱さをセクシーと思ってよいのではないだろうか。もっと女性が生きやすい社会であれば、という言い方もあるが、鶏が先か卵が先かという話もある。

また纏足を肯定していると誤解されたくはないが、男性もまた、もっと弱い女性をセクシーと思ってよいのではないだろうか。男性は自己の特権性を侵さない女を可愛いと感じてきたとされているが、じつのところは、自分をサポートし守ってくれる、感情ワークの得意な強い女に惹かれてきた。みんな守ってくれる強い人が好きだったのだ。けれども、ほんとうに大切な人というのは、守りたいと思う人であり、サポートしたいと思う人ではないのか。

それにしても、私たちはあまりにセックスというものを固定観念でとらえすぎているように思う。なぜ男のセックスが攻撃性を帯びるかといえば、男はセックスにおいては女性に最高のエクスタシーを与える能力をもつサーバーでなければならず、ピストン運動の長時間持続能力がそのための必要条件と思いこんできたからではないか。

しかし、じつは恋人や妻を「性器」へと物化したり、「女」へと抽象化するような感情管理をしないとピストン運動は続かない。これはどう考えても矛盾だ。セックスが生殖と独立のものとなったのであれば、女性器への男性器の挿入と射精は must ではないはずなのに、私たちはあまりにも型どおりのセックス観を保持し、型どおりのセックスをおこなっている。

今日、セックスほどオリジナリティのないものはない。『A.I.』のセックスロボットとは私たちのことではないのか。なにを指してセックスと呼ぶかの自由を私たちは手に入れているはずなのに、自由は、より強烈な快感を求める方向にしか行使されていない。Gスポットがどうとかポルチオがどうとか、そんなことばかりである。

五木寛之は近著『サイレントラブ』や『愛に関する十二章』でポリネシアン・セックスを紹介している。ポリネシアン・セックスは、男性上位のアクロバットのような性技ではなくて、ゆったりとした時間のなかでお互いの命の声を聞きながらおこなう静かな愛の形だと解説されている。

セックスをするときは、前戯や抱擁や愛撫に最低一時間をかける。お互いの心と体が和んできたときに、女性の中に挿入していく。挿入した後、最低三〇分は動かずに、じっと抱き合っている。それからゆっくり前後運動を始め、オルガスムがあったのちも、長時間、性器を結合させたまま抱き合っている。この抱擁を続けていると、全身においてオルガスムの感覚の波が次々に押し寄せてくるのを感じはじめる。男性であれば、射精をしないまま、相手と一体になって全身が突然さざ波のように震える。そうなれば体を離さずに震えに没入し、震えそのものになる。こうして、それまで知り得なかった心通うセックスが可能になる。

五木は、現在のセックスは快感を求めすぎた結果、慌ただしく激しいセックスになっているといい、ポリネシアン・セックスは、世界中を染めてしまった欧米流のファストフード文化に対するアンチテーゼであるという。

ゆっくりとした穏やかなセックスだという点では、ポリネシアン・セックスには従来のセックスを相対化する可能性がある。しかし、成人向けの雑誌等のメディアで紹介されるやいなや、「ポリセク」という型がマニュアル化され一部で流行しているところをみると、人々はそれをたんに新しい「さざ波のようなエクスタシー」を得るための性技としてしかみていないようだ。

私は、ピストン運動中心のおきまりのセックスにせよ、ポリセクというようなちょっと珍しいセックスにせよ、型にとらわれずに、一人ひとりがもっと自由にセックスを創造すればよいのにと思う。たとえば、全身のオイルマッサージもセックスでありうるし、手足をさするのもセックスでありうるし、服を脱がずに抱き合うだけでもセックスたりうるし、言語的なコミュニケーションだけでさえセックスになりうるはずだと思う。

「どのような行為なのか」がセックスとセックスでないものを分かつのではなく、「誰と誰の相互行為なのか」が、セックスとセックスでないものを分かつと考えることができれば、私たちはどれほど自由になるだろう。

べつに障害者のためだけにセックスの脱規格化を提案しているのではないが、セックスの固定観念を脱却できれば、ＡＬＳとか筋ジスのために体が動かない人もセックスできるようになる。また性機能障害をもつこととなった頸髄損傷の男性たちも、受障以前のように勃起をコントロールすることができなければならないという強迫観念に憑かれることはなくなるはずだ。上肢下肢にインペアメントを有する全身性障害者の男性が、いわゆる「正常位」にこだわる理由も消失する。

だが、反論する人もいるだろう。

「あなたはピストン運動もポリセクもそれ以外のセックスも自由にできるのだろう。だが私はピストン運動もポリセクもできない。ただ、大切な人の体をそっとなでるのが精いっぱいだ。できることなら勃起し、挿入し、彼女を絶頂へと導きたいのだ。あなたはセックスの脱規格化の勧めをいえる立場にはない。あなたが言ったのではたんなるお気楽な人間のきれいごとでしかない。あなたはどん欲なだけだ」

そうかもしれない。たしかに私は、セックスの脱規格化の提案により、いっそう多くの自由を得ることができるかもしれない。脱規格化を口にしつつ、ピストン運動もポリセクも続けることができるのだから。

しかし、ピストン運動もポリセクもできない人との格差が埋まらないかというとそうではない。ゼロが一になるのだから、セックスの脱規格化はピストン運動やポリセクができない人にとってより利益をもたらす。手を動かすことしかできない人が、愛しき人の体をそっとなでたら、それはもう絶対にセックスだし、気持ちが伝わらないはずはない。

第5章 脱社交的関係

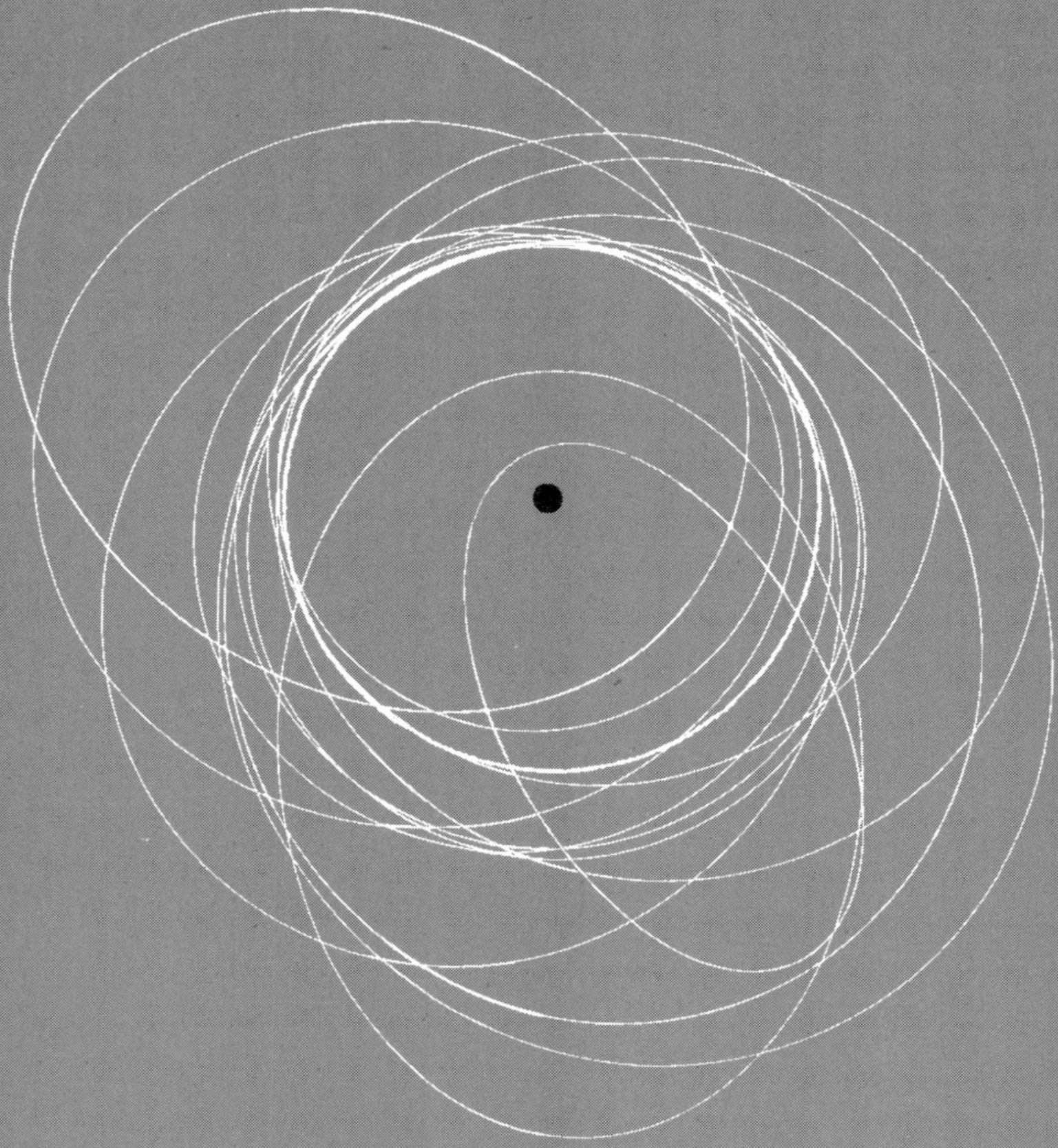

1 ネットオークションの醍醐味

バーバリーのコートを

私は最近ネットオークションにはまっている。はまりつつ分析する、分析しつつはまるのが石川流である。

ちなみに最近落札したのは以下のようなものである。

バーバリーのAB7コート
麻のノーブランドのAB7サマージャケット
ブルガリのネクタイ
アクアスキュータムのネクタイ
ノームラテックスの生地を仕立てた杉綾のAB7のサマースーツ
Office-XP Professional
Pentium4 1.4GHz のスリムシャーシのパソコン
『ネットオークション必勝法』

これだけをほぼ一週間で買ってしまったその発端は、私が開発した音声インターネットブラウザを使ってYAHOOオークションのページにアクセスすると問題が出るというユーザからの報告である。聞いてみると問題は、落札者が出品者に評価とコメントを送るフォーム入力を実行すると文字が化けるというものであった。しかもこの局面でしか問題は出ないという。現象を確認し原因を特定するには、自分もオークションに参加し、落札者になって、出品者を評価しコメントを送る、ということを実際にやって、バグを再現させ、データを収集するしかない。

私は、デバグ(バグ取り)のために、バーバリーのコートを落札した。つまり購入したのだ。なんという献身。いや、バグがあるというのは、どうにも不愉快で、プライドが許さないだけかもしれない。

バグはすぐに取れたが、はからずもネットオークションというものを体験し、そのおもしろさにはまってしまったというわけである。

何が楽しいのか

先の買いもののリストのうちで、『ネットオークション必勝法』は「情報商品」の一種である。情報商品とはなんだろうと疑問に思う人もいるだろう。そのものズバリ情報を商品として売っているのだ。『オークションで月収一〇〇万円儲ける方法』とか、『パチンコ必勝法』とか、『現役ホストの女性をいかせるスーパーテクニック』とか、そのようなものが大部分だが、そのうち官能小説とか、自分の日記とか、エッセイとか、旅行記とか、学者が書いた入門書とかも情報商品として売りに出されるようになるにちがいない。

活字メディアよりクオリティは圧倒的に低いにもかかわらず、情報商品はよく売れる。しかも仕入れが不要な商品でいくらでも複製して売れるので、出品者には多額の収入をもたらす。活字メディアでは著作権料は一〇%ぐらいが普通だから、どう考えても活字メディアよりネットオークションに出すほうがお金になる。

もちろん、自分の本が書店の店頭に平積みになっているというのは、悪い気持ちのものではない。本が好きな読書家とか活字メディアで仕事をしている人にはちょっと気になることかもしれないが、プロの書き手の多くは、儲からなくても活字メディアにとどまるから心配はない。オークションに流れるのは、安い原稿料のために、猛烈に書きまくっても、食べていくのがたいへんなフリーのライターとか、子どもの教育費で困っている学者とか、自分の書いたものに過剰な意味づけをすることはないという哲学をもつにいたった超一流の思想家ぐらいだろう。

話を進めよう。

オークションで物を売っている人々の基本的な行動パターンは、『オークション必勝法』などを読むとほぼわかる。しかし、どこで仕入れれば安く商品をそろえられるかとか、どういう種類の商品が儲かるかとか、どういう宣伝の仕方が有効かとか、そうしたノウハウは書かれていても、オークションに入札する人々、つまり買い手の行動パターンの分析はほとんどなされていない。

たとえば私のように、オークションというゲームを遊ぼうとする人々のことは想定されていない。私はじつは儲からなくてもよい。オークションというゲームを勝手に構築し、そのゲームを楽しみたいのだ。

降りたような身振りで他の入札者を油断させたり、落札への強い意志を表明してライバルを早い段階で諦めさせるなどの戦術を私はときとして用いる。もっと汚い手も使う。オークションでは、出品者に質問するということができるので、それを利用して、商品にそれとなくクレームをつけることで、ライバルのその商品への評価をコントロールする、などということさえやる。

これらがほんとうに有効な戦術であるかはまだわからない。いや、わからなくていいのだ。私は他のオークション参加者の行動を有意味に解釈しつづけることができる。私のアクションは他者になにほどか影響を与えているのだと思いつづけることが可能であればそれでよいのである。

ところで、オークション初心者である私は、「アクアスキュータム男の美学／美品コート」とか「すばらしいブルガリの最高級ネクタイ」というような売り文句によってそそられた商品は、ついつい何度も入札してしまう。自分の入札が最高入札額でなくなったら、メールが自動的にとどく。すると、それより高い金額で再入札し、再び最高額入札者の地位に返り咲く。そんなふうに振る舞いがちになるのである。

しかし、ほんとうは知らん顔していて、入札終了時間の五分か一〇分前にぽんと入札するのが安く落札するコツだということはわかっている。

だが、それでは、遊ぶ回数が減るのである。合理的すぎてつまらないといってもよい。けっきょく私

オークションで落札した新品のバーバリーのステンカラーコート。30,000円でゲット。

は、ある種の非合理性を味わいたくてネットオークションをやっているのではないかと思うのだ。これはたぶんギャンブルにはまる心理とも共通するのだろうと思う。

私は、入札すること自体がおもしろいので、動きすぎて、自分が入札しようとする商品の値段を自分が吊り上げてしまうわけだが、自分で自分の首を絞めるこの非合理性が好きなのだと思う。

先に、「降りたような身振りで他の入札者を油断させたり、落札への強い意志を表明してライバルを早い段階で諦めさせるなどの戦術を私はときとして用いる。もっと汚い手も使う」と書いたが、いつでもそうしているわけではない。同じことをやっていると飽きる。ときには合理的に振る舞ってみる。ときには非合理的に振る舞ってみる。いろいろな「キャラ」としてオークションに参加することがおもしろいのだ。

ようするに、私は、安く買うことができるからという理由でオークションに参加しているわけではない。誰かが最高入札額を上げる。私がその上を行く、また同じ人物が上げる。この呼応call and responseのリズムが好きなのだともいえる。初心者がなにやってんだ、とオークション慣れしたマスターたちは苦笑しているだろう。

話は飛ぶが、子どものころ一度だけ鮎釣りをしたことがある。なぜか小学六年生のときに釣りが学校ではやった。私も新しい釣竿を買ってもらって、近くの川に出かけた。新品の竿をそれぞれ携えた友達たちも一緒だった。しかし、少年たちの釣りはめちゃくちゃで、鮎がみんな逃げていく。熟練した釣り師である大人たちは苦笑したり、小言を言ったりしていた。ふとそれを思い出した。

人はただ交換が好きなのだ

話を戻そう。

落札するとうれしい。おめでとうございます、というメールが来るのだから、やはりおめでたいことなのだ。もちろん、なにがなんでも落札するというようなオーバーヒートはしない。ここでやめておこうと降りるのもまんざらの気分ではない。やはり私は冷静な人間なのだ、という気分が味わえるからだ。

落札した後にも、ちょっとした楽しみがある。先に入金するのがネットオークションの基本ルールだから、落札者が出品者を信じて入金しなければならない。迅速に出品者は品物を送ってくれるのだろうか、とどく商品は自分が思っていたような商品だろうかと、少しばかり不安になる。とくに思ったような商品がとどくかどうかは、スリリングである。

ネットオークションで買い物をするには、見ず知らずの他者を信じなければならない。ネットオークションで得られるのは、商品を破格の安さで手に入れることができたという満足感もさることながら、「他者は信じられるのだ」という安堵感ではないかと思う。だからオークションで商品を買う人というのは、けっしてオークションなどやらない人に比べると、他者の良識を信頼しているのかもしれない。あるいは他者の良識を信頼できる自分が好きでオークションで物を買うのかもしれない。

私はいわゆるデパートの安売りとかアウトレットの店などにはまったく興味がない。さらにいうと、店舗があって、品物があって、カードや現金で支払いをおこなうような取引には、買う側にも売る側にも緊張感やスリルはない。要するにスパイスが効いていないのだ。お金と商品の交換がその場で確実におこなえるわけだから、どちらも弛緩しきっていられるのだ。

オークションがおもしろいのは、リスクやスリルを感じることができるからだ。売る側も買う側ももめごとはいやだ。だから油断はしていない。だがトラブルはときおり起きる。画像にはなかった傷があったとか、色があまりにも画像と違うとか、新品と書かれていたのに使用感があるとか、美品と書いてあったがぼろぼろのよれよれだとか。

だが、ときおりこうしたことが起きるリスクがあるからこそ、オークションはスパイシーなのだ。トラブルがどのぐらい起きるかわからないが、どこかでときおり起きているらしいという情報は、だからかえってオークションの魅力を引き上げる効果をはたしているのではないか。もちろん頻発してはいけない。トラブルが実際に起きればやはり不愉快な気分になる。だから取引相手から悪い評価を受けた人とは取引しないとあらかじめ明記する出品者も少なくない。「ノークレーム、ノーリターンでお願いします」と書いている出品者も多い。

おそらく、もっぱら買い手という人と、もっぱら売り手という人では、オークションの意味はまったく違うと思う。利益目的の人と、ゲームなりコミュニケーションなりを目的とする人もまったく違う。とはいえ、じつは、私はまだ、売る醍醐味を知らない。商品を出品したことがなく買い手一辺倒である。だが売ることもおいおいやってみようと思う。きっと安く仕入れた物が高く売れるのが快感なのだろうが、もっといろいろな楽しみもあるような気がする。

自作パソコンを売る人がたくさんいる。パーツを仕入れてパソコンを組み立てて売るわけだが、そういう人はたくさんいて競争が激しい。ブランドにこだわらなければ、メーカー品にもそうとう安いものがある。そのなかでの出品だから、どうしても薄利になる。それでも、きっと楽しいのだろう。自分が作った物が売れるというのはたしかに楽しい。

私が一〇年以上もソフトウェア開発をおこなっているのも、一つにはそういう喜びを味わうことができるからだ。私が作った道具を人が毎日使っているというのは、無条件に気持ちのよいことなのだ。私は役に立つ人間だという実感を日々味わうことができるし、私の影響力、力を確認することにもなるからだ。

そして、人は交換するのが好きなのだと思う。

人類、正確にいえばクロマニヨン以降の人類は、作りすぎたから交換にまわすのでなく、交換したくて余計に作るのだという説を読んだことがある。

ネットオークションの快感は、偶然出会ったまったくの他人、顔も声も知らない他人との間でも、交換が成立することを実感できることにあるのかもしれない。自分の口座に入金がある。自宅に宅急便で商品がとどく。見ず知らずの人と通じたことをそれらは証明してくれる。交換が見ず知らずの人とのあいだで成立したのだ。

私だけの脱出法

このように私はいまオークションにはまっているわけだが、オークションからの脱出方法を私は知っている。仕事中はオークションなんか忘れていられて、それでいてオークションで安く欲しい物を落札するための道具を開発することに関心をシフトするという方法である。オークション・エージェント・ソフトを作るのだ。その仕様は次のようなものになるだろう。

(1) オークション・エージェントには、落札したい物のキーワード、重要度などの情報をあらかじめ登録できるようにする。これは必要に応じて変更や追加できるようにしておく。たとえば、

KEYWORD：アクアスキュータムＡＢ７

PRIORITY：５

KEYWORD：バーバリーＡＢ７

PRIORITY：５

のような形式になる。

(2)オークション・エージェントには主要オークションサイトに自動的にアクセスし、オークションIDとパスワードを入れてログインできるような機能を与える。

(3)ログインしたら、自動的に登録されているキーワードで検索をおこない、その結果を取得し、ファイルに保存する機能を実装する。検索でヒットした数が多いと複数のページを閲覧しなければならないが、「次の二〇件」というようなテキストを含むリンク(アンカー要素)を探せば、まだ先があるかどうか機械的に処理できるので、すべての検索結果を取得することが可能だ。

(4)オークション・エージェントは定期的にオークションサイトの巡回と検索結果の取得活動をおこなえるようにする。

(5)ユーザつまり私は、手動でオークション・エージェントを操作し、保存されている最新情報を開いて内容を検索し、めぼしい物をチェックし、オークション・エージェントに入札終了日時のたとえば一五分前に、その商品の最高入札額がいくらになっているかを私に音声およびメールで知らせられるようにする。あるいは、入札額を指定し、自動入札できるようにする。

(6)あらかじめ重要度5と指定したものについては、検索でヒットしたそのときに、黙って記録しておくのでなく、ただちにその情報をユーザに伝えるような機能も実装する。またこの場合は、自動的に入札終了日時の一五分前に、再びユーザに音声とメールとで終了時間が近づいていることを知らせるようにする。

どうだろうか。こうした道具があればかなり確実かつ安く欲しい商品を落札することができるはずだ。実際、ここに書いた仕様ほどの機能はないが、ある程度の自動入札を可能にするソフトは存在している。ところが、私は音声でパソコンを操作しなければならない。このようなソフトを音声対応で作ってくれる人が出てくることはほとんど考えられない。私でなければ作れない。さいわい私にはブラウザ開発の技術があるので、このあたりは得意分野だ。

けれども、この種のソフトを作るには、どうがんばってもやはり四週間ぐらいはかかる。もしこんなアイディアを視覚障害者のパソコンユーザのメーリングリストで披露しようものなら、けっきょく私は四週間の時間を費やして、オークション・エージェント・ソフトを作ることになるのは目に見えている。もちろん道具作りは私には楽しいことであり、快感をともなう作業であり、したがってオークションへの興味はそこで立ち消えになるというわけだ。

手の込んだ方法だが、こうすれば私は脱出できる。ただし、この本の出版がさらに遠のいてしまうことはまちがいない。

好きで嫌いなオークション

ここまで書いてドラフトを友人に送ったらさっそく返事がきた。まずＨさん。

Ｈさんのメール。

こんばんは。たくさんお買い物なさいましたね。

やはり「冷静と情熱のあいだ」で揺れ動いていらっしゃるほうが先生らしいです。最近の先生はやや情熱寄りだったような気がいたしましたのでうれしくなりました。先生はモードに入られると、とてつもないスピードでお仕事なさるので、この調子で筆が進めば、きっと編集者の白石さんもお喜びになりますね。

人類は最初から、作りすぎたから交換にまわすのでなく、交換したくて余計に作ったというお話は、私も伺ったことがあります。先生のように何度も入札なさっちゃうのが、ネットオークションの正しい使い方なのかもしれませんね（笑）

私も取引は合理的すぎるとつまらないと思います。初心者が何やってんだと苦笑するオークションマスターより、先生の方がずっと上手ですね。

そういえば、証券取引所でサインを出していたあの人たちは、どこに行ってしまったんだろうと時々思います。手でブラジャーの形を作って「ワコール」とか、私はけっこう好きだったのですが……。たしかにコンピュータで管理することで合理的にはなったのでしょうが、なんとなくさみしい気がしてしまうのは、私がアナログ人間だからでしょうか。

クロマニヨン人は交換大好き人間だったかもしれないんですね。ネアンデルタール人は必要なぶんだけ取って生活し、好戦的なクロマニヨン人とは対照的に、気性もすごく優しい人たちだったと聞いたことがあります。分配の不平等も、私たちがクロマニヨン人から派生した動物である以上、仕方ないことなのでしょうか。

交換好きが高じて、今のような貨幣に支配された世の中になってしまったとしたら滑稽ですね。みんなでネアンデルタール人になるしかないのでしょうか。

一方オークション嫌いの立場からのメールももらった。

池川さんのメール。

先生の戦利品(お世辞抜きでなかなかの買い物だと思います)を横目で見ながら、それでもなおネットオークションに手を出さない理由は大きく分けて二つあります。

私は、中古品にまっとうな愛情を注ぐことができません。物への愛着は、その物と過ごした時間とともに深まると思います。たとえば、最初は違和感のあった物が、使っているうちに柔らかく馴染むようになってきたとか、この傷は、あのとき、ああしてできたもの……なんて。ところが、私と思い出を共有しない

「痕跡」は、たんなる傷跡でしかありえず、そんな痕跡をもつ物には、愛着の生まれる余地はありません。きっとネットオークションには「未使用」なんて出品もあるのでしょうけれど、それはどこまで信用できる情報でしょうか。一、二回の使用がわからない程度のものであれば、「未使用」と表現することに躊躇するでしょうか。

自分こそがその物との歴史(というと大げさですが)を初めて築いたのだと思っていたのに、じつは、その物には前史ともいえる使用歴があったなどということは、ちょっと耐えられません。たとえ、それを知り得ないとしても。

もう一つの理由は、絶対損をするに違いないという確信です。自分の出した金額に値しない物が送られてきた、送金したのに物が送られてこなくてやきもきする、どちらも避けたいストレスです。

ところで、私は、もう一〇年以上宝くじを買っています。でも三〇〇〇円以上は当たったことがありません。ネットオークションでは必ず損をすると決まったわけではないのですから、宝くじでの損が許せて、ネットオークションでの損が許せないのはなぜかと考えてみました。

それはたぶん、損をしたとき「責められる人」がいるかどうかによると思います。宝くじにはずれるのは純粋に確率の問題として処理できますから、たとえはずれたとしても責められるべき人はどこにもいません。一方、ネットオークションでの損は、「責められる人」が存在します。そんな買い物をしてしまった私と、私に誠実でなかった売主です。

能動的に働きかけたぶん、後悔も、よりリアルで深刻なものになりそうです。「あのとき、もう少しよく考えてみるべきだったのでは?」とか、「ちょっと誤魔化された?」というような思いはいつまでも胸に突き刺さりそうな気がします。

ようするに、「見えない相手に対して、人は誠実ではありえない」というところに集約されると思います。

私自身も、たぶん、そうです。

ある人がネットオークションを好む理由と、別の人がネットオークションを好まない理由はじつはオークションの同じ特性に注目しているように思う。

オークションには多数業者が参加しており、まったくの新品が大量に出品されている。当然多くの取引実績があり、安心して取引できる。私自身は個人との取引のほうが好きなのだが、新品を買いたい、安心して買いたいとなれば、評価の高い業者との取引のほうがよい。

それから、私は中古にはあまり抵抗はない。ただ、他人の痕跡が不快だというのは理解できる。私も洋服だとそうした理由から新品に向かいがちだが、コンピュータは道具と割り切っており、中古でまったく問題ない。

次にリスクだが、私も、リスクを感じるセンサーは作動する。にもかかわらず、リスクに快感を感じてしまう。だから一人で海外旅行するのも好きだ。見えないので怖いということもあるけれども、緊張感が生命力を活性化させてくれるのがよい。仕事でもそうだ。困難の予想される仕事はやりがいがある。

たしかに見知らぬ人とのコミュニケーション、取引には不安がある。その不安を軽減するためにネットオークションでは、出品者や入札者の取引実績としての「評価」を見ることができる。それは、これまでその人が取引した相手からのその人への評価とコメントだ。一度でも悪い評価をもらったことのある人との取引を避けようとする人もいる。ちなみに私は取引相手の評価さえ見ない。

人を信用せずに生きていくのは、他人に多くを期待しないという点では楽なのだが、私にはそのほうがストレスである。だから、他者は信用できる、ということを繰り返し確認したいのかもしれない。

2 地域通貨で昔話を買う

シャイなコミュニケーション好き

人は交換好きだと書いたが、正確にはコミュニケーション好きなのだと思う。じつはネットオークションの快感は、見ず知らずの他人とのあいだでも、コミュニケーションが成立することを実感できることにあるのかもしれない。それを実感するためのメディアが「商品」なのではないだろうか。

それでも私は、面と向かって「話がしたいんだけど」とか、「ひさしぶりに会いたいな」とは男の友人にはいえない。多くの男性が私と同じ感覚をもっているようだ。少なくとも「久しぶりに会って話しませんか」といってくる同性の友人は、某中央官庁のエリート官僚で、老後は易者になろうと思って勉強しているちょっと変わり者の先輩だけだ。

一方、女性の友人たちは、すなおにコミュニケーションしたいという気持ちを表明し、ちょくちょく会って食事をしながらコミュニケーションを楽しんでいる様子なのだ。コミュニケーション論の研究者にして『わかりあえない理由《わけ》』というベストセラーを書いたデボラ・タネンも同じことを書いていたから、アメリカでもこれは同じらしい。

ようするに人、とくに男性は、仕事などの目的にかこつけて、他者とのコミュニケーションや共感的な関係を楽しむという手を使う。仕事のために人とつきあうのでなく、人とつきあうために仕事をするというわけだ。

人はコミュニケーションが好きなはずなのに、なかなか自分から言い出せない。「いま忙しいからちょっと無理だ」とか、「そうだね、そのうちね」などとかわされてしまうことを恐れるからだ。ましてや、同じ地域に生活している見ず知らずの人々とのコミュニケーションとなれば、趣味もセンスも話も合わない可能性が高いから、積極的に働きかけていこうとする人はとても少ない。

そんな状況に新しい可能性をもたらすものとして、地域通貨がある。日本でも、NHK番組『エンデの遺言—根源からお金を問う』(一九九九年五月四日放送)がきっかけとなり、地域通貨に注目する人たちが急増している。エンデとは、ミヒャエル・エンデ、ファンタジー小説『モモ』や『はてしない物語』で知られるドイツの作家、その人である。大人をも魅了した小説のなかに、エンデは、自身の貨幣への思いを仮託した。

一九七三年に書かれた『モモ』は、「時間どろぼうとぬすまれた時間を人間にとりかえしてくれた女の子のふしぎな物語」という副題をもつ以下のような話である。

＊

ある大きな街の円形劇場の廃墟に、モモと名乗る少女がどこからともなく現れる。古ぼけただぶだぶの男物の上着を着て、はさみを入れたこともなさそうなくしゃくしゃにもつれた真っ黒な髪。大きな目が魅力的なその少女は、近くに住む人たちの温かな援助を得て、廃墟に住みつくことになる。

モモのところへは、入れ替わり立ち替わりいつも多くの人が訪ねてきた。モモがとても役に立つことがわかったからだ。人々は、モモに話を聞いてもらいたがった。といっても、モモが特別な技術をもっていたわけではない。モモはじっと相手の話に耳を傾けるだけで人々に自分自身を取り戻させる不思議な力をもっていたのだ。「モモのところへ行ってごらん！」は近所の人たちの決まり文句となり、人々のなくてはならない存在となっていく。

ある日突然、貧しくとも心豊かに暮らしていた街の人々の前に、「灰色の男たち」が現れる。時間貯蓄銀行から来たというその灰色の男たちは、じつは人々から時間を奪おうとする時間泥棒だった。

ナンバーXYQ/384/bと名乗る灰色の男は、「時間は財産だ」という考えを示して、理髪師フージー氏の「全財産」を計算してみせる。そして、フージー氏の日常を詳細に検討し、体の不自由なお母さんと過ごす時間や、飼っているボタンインコの世話をする時間は無駄遣いとして倹約させられることになる。

大事なことはただ一つ、できるだけ短時間に、できるだけたくさんの仕事をすること……。時間を節約して時間貯蓄銀行に預ければ、利子が利子を生み、新しい人生を生きるのに十分な時間がもてるという灰色の男たちの口車に乗せられ、ついには多くの大人たちが時間貯蓄組合員となってしまう。

ところが、時間とはすなわち生活。人々は、時間を節約することでどんどん余裕のない生活に追い立てられていく。灰色の男たちが「ほんとうに近代的、進歩的」だと称した生活は、物質的には豊かなものであったが、人々はどんどん不機嫌な、くたびれて怒りっぽい人間になってしまう。時間とともに、かけがえのない人生の豊かさまで失ってしまったのだ。

最初に異変に気づいたのは、子どもたちだった。「時間がない、暇がない」ばかりを口にし、贅沢なおもちゃは与えてくれても、おしゃべりも夜のお話もしてくれなくなった親たちの変化の原因が時間泥棒団にあることを知った子どもたちは、時間泥棒の存在を明らかにするために大集会を計画するが、大人は誰一人注意を払うことなく、失敗してしまう。

そこに現れたのが叡智の象徴であるカメのカシオペイアだった。モモは盗まれた時間を人々に取り戻すために、カシオペイアとともに時間の境界線を超え、時間の国へと出かけていく。時間の国でモモを待っていたのは、マイスター・ホラ、時間を司る老人だった。この老人によってモモは、時間とはなにかを知る。そして、時間を取り戻すために、灰色の男たちに決死の闘いを挑む。

一方、灰色の男たちは、人間から奪った時間である葉巻をくゆらせながら、いかにして人間から時間を盗みつづけるかを模索する。彼らは、この葉巻なくしては生きていけないのだ。彼らに狙われたのは、人が人のために割く時間や、自分を見つめるための時間であった。

人間から時間を盗みつづけるためには、灰色の男たちのしていることを知っていて、人々に以前の自分を取り戻させようとするモモは邪魔になる。モモの不思議な力とは、じつは惜しみなく時間を与える能力であったのだが、モモと友人たちとを引き離すことによってモモの手足をもぎ、追い詰めようとする。

モモとカシオペイアの跡をつけることで、灰色の男たちは時間の国のありかを突き止め、マイスター・ホラが住み、人間たちに時間を送っている「どこにもない家」を包囲してしまう。こうなると人間たちに時間がとどかず、人々は致死的退屈症におかされ、世の中は灰色の世界になってしまうのだ。

灰色の男たちから人々を救う唯一の手段は、灰色の男たちに盗まれた時間を時間貯蔵庫からすべて解放することである。灰色の男たちに時間が搾取されないように時間が止められた世界のなかで、モモは、時間の流れから超越している亀のカシオペイアと共に灰色の男たちに立ち向かう。灰色の男たちの追跡を逃れ、人々から盗まれた時間をすべて解放することによって、人々に豊かな生活を取り戻すことができた。

「虚のお金」を「実のお金」に変える試み

エンデは、経済は人が生活を営むための社会的行為である以上、そこには善悪やモラルの規範が含まれるべきである、と考えていた。しかし、現実はそうなっておらず、自然資源を破壊したり、将来に大きな債務を残したりして、途上国の可能性や子孫の時間を犠牲にしながら貨幣自体が増殖していることを憂慮していた。

エンデは、「たとえばパン屋でパンを買う代金としてのお金と、投機や株式市場で扱われる資本としてのお金は異なった種類のお金である」ととらえ、「利が利を生む、自己増殖する貨幣経済」を断罪し、「もう一度、貨幣を実際になされた仕事やものと対応する価値として位置付けるべきだ」と考えていた。「灰色の男たち」とは、本来、人間が自分の働きの分として受け取るべき果実を横取りする存在、つまりは貨幣だったのだ。

エンデは、「灰色の男たち」から人間らしい生活を取り戻すためには、現代社会の通貨のあり方を変革しなければならないと言う。自然界の物質はすべて有限である。劣化し、老化する。それなのに貨幣はなぜ不滅なのか。貨幣は人間が作ったものなのだから、人間は貨幣の性質を変えることができるはずだとエンデは言う。

貨幣にはいくつもの機能がある。

まず交換機能。貨幣が使えるほうが、物々交換より交換が促進される。

次に価値の尺度としての機能。貨幣に換算することで質を異にするもの同士の価値の比較が可能になる。

次に貯蓄機能。通貨は腐らないし、劣化しないし、保存が容易だから貯蓄に適している。

さらに通貨は、それ自体金融商品ともなる。

金とドルの交換が停止されたニクソン・ショック以来、ドルが、グローバル・スタンダードの地位につき、世界中の商取引の基準となり、大規模な国際為替相場というマネーゲームが出現した。九〇年代になると、コンピュータテクノロジーを駆使する金融工学により開発されたデリバティブなどの金融派生商品が出現し、マネーゲームは途方もない規模へと膨張し、実体経済とは無縁の膨大な投機マネーが瞬時に世界を駆けめぐるようになった。現在、世界を動く外国為替の九八%が投機目的であり、財とサービスの取引は二%にすぎない。

そのようなマネーゲームのオーバーヒートを見ながら、「虚のお金」ではなく、労働、生活、助け合い、交流、環境保護を支える「実のお金」を希求する人々も増えている。それが、自分のコミュニティを育て上げ、持続可能な社会を維持するための地域通貨の試みである。

昔話でも買ってみるか

では地域通貨とはどのような通貨なのか。端的にいえば、地域通貨とは交換機能だけをもつ通貨であり、利子をとって貸し借りしてはならない。

地域通貨は、地域内、会員の範囲内でのみ通用するローカルな通貨である。買えるものは、その地域通貨活動に参加している商店や個人が提供できる商品やサービスの範囲に限られる。ここがミソである。

財とサービスは地域の中を活発に循環する。地域通貨は、地域の中を流れる地域の血液であり、地域内で物とサービスと交流を運ぶ車である。

地域通貨には、貨幣を使うタイプと、通帳に取引実績を記録していくタイプがある。違いは、通帳タ

イサカアワーズの１アワー札。イサカはコーネル大学をかかえる湖のほとりの小さな学園都市。イサカアワーズはこの町の生活協同組合から誕生した。ドル紙幣には、IN GOD WE TRUSTと印刷されている。〝GOD〟を〝ITHACA〟に変えたわけだ。

イプなら赤字になっても赤字の上限までは買いつづけることができる点だ。貨幣タイプだと、貨幣がなくなってしまえば、なにかを売って貨幣を手にいれるまでは次の買い物はできない。貨幣タイプとしては、イサカアワーズが有名だし、通帳タイプではＬｅｔｓが有名だ。日本でも地域通貨は全国津々浦々にある。

　昔話を売る人、手作りのケーキを売る人、植木の手入れを提供する人、パソコンを教える人、病院まで薬をもらいにいくことを代行するサービスをする人、肩もみを提供する人、まあ、およそこまごまとした商品やサービスが売られている。

　ある老人が、勧められて昔話を売ることにしたとしよう。一方ここに、いまは別に欲しいものはなく、さりとて地域通貨はたまっているので、使わないで持っているのももったいないからなにか買いたいと思っている若者がいるとする。

「地域通貨で昔話かよ」と思いつつ、「じゃあまあＣじいさんの昔話でも買ってみるか」と、その若者は期待もせずに、気まぐれにかの老人の昔話を買ってみたりするかもしれない。すると、これがけっこう味があってよかったりなどする。永六輔みたいなおじいさんがおもしろおかしく饒舌に昔話を語ってくれれば、そりゃあ誰だって満足するはずだ。

だが、地域通貨がなければ、そうしたコミュニケーションはおそらく起こらず、その永六輔みたいなおじいさんは、昔話を若者に伝えることなく亡くなっていくかもしれない。

地域通貨とは

地域通貨の歴史を、河邑厚徳とグループ現代による『エンデの遺言「根源からお金を問うこと」』が詳しく紹介している。概略はおよそ次の通りである。

大恐慌の時代に、シルビオ・ゲゼルの「老化する貨幣」の理論にもとづき、各地で自由貨幣の実験が始まった。たとえば、ドイツの東南部、バイエルンの森にある石炭鉱山の町シュヴァーネンキルヘンである。大恐慌はこの小さな町の石炭鉱山をも閉山に追い込んでいた。鉱山で働く労働者は失業状態におかれていた。ゲゼル理論の影響を受けた小鉱山の所有者、ヘベッカーは、一九三一年に、恐慌でつぶれた鉱山を四万ライヒスマルクで借り入れ、これを担保にして自由貨幣の発行を企てた。貨幣はヴェーラと名付けられた。

鉱山は再開され、労働者たちは再び働き始めた。経営者は従業員用の店を設け、日常生活の必要品を仕入れてヴェーラで売った。客が殺到しこの店は大繁盛した。ニュースが全国に流れ、それがヴェーラの拡大に寄与した。しかし、帝国銀行はヴェーラをライヒスマルクへの挑戦とみなして禁止した。その結果、経済は再び低迷し、鉱山は閉鎖され、労働者は再び失業したという。

ゲゼル理論の社会実践はオーストリアのヴェルグルという町でもおこなわれた。一九三二年当時、人口五〇〇〇人たらずの町は、失業者と負債をかかえ、財政は破綻状態だった。町は緊急救済計画として、「労働証明書」なる新しいお金を発行し、町の公共事業の支払いに充てた。その結果、新しい雇用が生まれ失業者は職を得て、経済は活気を取り戻した。貯め込まれずにすばやく流通するお金が、経済活動を何倍にも大きくした。しかし、オーストリア政府は紙幣の発行は国の独占的な権利であるとして、町長を国家反逆罪で起訴し、このお金を回収した。

おなじころ、アメリカでも地域通貨が発行された。大恐慌の後、失業と消費の低迷、生産の落ち込み、貨幣が流通しない、という悪循環が生じていた。そこで自治体や企業は独自の通貨を発行し、この問題に対処した。そのかいあって、労働、生産、消費の流れが戻ってきた。だが、ニューディール政策で雇用が創出され、ドルの交換機能が回復すると地域通貨は自然消滅していった。

一九八〇年代に地域通貨はよみがえる。グローバル化とマネーゲームの暴力に抗して、人間らしい暮らし、人と人のつながりと交流を支援する通貨を作り、素朴で自発的な交換経済を育てていくべきだという思想が再び人々の心をとらえはじめた。

地域の商店や飲食店の多くが地域通貨を受け入れると、地域通貨でほとんどありとあらゆるものが売り買いできる。それに加えて、一般市場ではなかなか商品とならないようなものも売り買いされる。ニュースレターやホームページに、してあげたいこと、してほしいこと、あげたい物、ほしい物のリストを出す。これによって物とサービスが地域内で動き、人と人の交流する機会もおのずと増える。こうして地域通貨は地域の潤滑油としていまや多くの場所で取り組まれるようになっている。

つきあいを広げるお金

私は、地域通貨はやったことがないが、おもしろいだろうと思う。第一いまどき地域通貨でもなければ、地域の人と挨拶以上の話をする機会はほとんどないといってよい。

地域にもよるが、概して地域には多様な人が住んでいる。私の住む地域は、この一五年ほどのあいだに急速に郊外住宅地化してきたところで、もとはといえば茶畑と造園業の人々がほとんどだった。典型的な旧住民と新住民の混住地域だ。そしてここもまた、お互いにお互いのことをほとんど知らないという関係にある。

地域通貨があり、地域の人々が、売ります、買いますの看板を出していれば、私は買いたい物がたくさんあるし、売りたいものもないわけではない。売る場合も買う場合も、物ではなくサービスがよい。サービスするにはある程度の時間が必要であり、そのあいだに世間話などができるからだ。

私たちは電子メールの登場によってずいぶん救われている。電子メールなどない、たとえば八〇年代などに比べれば、今日私たちは日々多くの人々とコミュニケーションしている。しかし、電子メールでは関心を共有する人々とのコミュニケーションが中心であり、社会的距離の遠い人とはめったにコミュニケーションしない。地域通貨は、地域で循環することによって、人と人とのつきあいのチャンスを広げ、文化、環境、伝統などを守っていくために必要な活動、高齢者・障害者・子どもの介護、ケアなどの活動を活性化するための道具となる可能性を秘めている。

地域通貨には、地域のために一肌脱ごうとする心意気を励まし、強める力がある。もちろん楽観論は禁物だ。始めるのは簡単だし、最初は楽しいことばかりが起きる。しかし、続けていくことはその何倍もむずかしい。いま地域通貨の多くが、続けていくことのむずかしさを感じはじめてもいる。

3　「託す」という関係

買う、ということ

ところで、人間は交換好きだと書いたが、買うという行為については補足が必要だと私は思う。さしあたりは私の感覚を述べる。多くの人が共有する感覚であるかどうかはわからないが、おそらく同じような感覚をもつ人は少なからずいるはずだ。

まず、売っていないものを、売ってくれないかと言い出すのは気が引ける。場合によっては、相手に対して失礼だとも思う。あるいは暴力的ですらあると思う。

一方私は、売るために大量に生産された物の一部を買うことに痛みを感じることはない（大量生産、大量消費、大量廃棄の経済システムに加担することへの加害性を感じることはときにあるが）。他方、世界に一つしかない物、売り手がほんとうは売りたくないと思っているにちがいないと思うものを買うときには、私は加害性を自覚する。他者が大切にしているものをお金の力によって強引にもぎとることへの不快を抱く。

しかし、もし売り手が、みずからの意思で、自分が大切にしてきたものを他者に譲りたい、譲らなければならないと決断しているのなら、それを買い取ったときには、私は加害性の感覚よりも、受け継いだものを大切に扱おうという義務感を抱く。

常識は、買い取った場合のそうした義務感は贈与されたときのそれよりは弱い感覚だろうというかもしれないが、そうではない。自分も費用を負担したからこそ、受け継いだものを大切に扱うことの意味はいっそう強化される。負担したことの顔を立てなければならないときのほうが、棚から牡丹餅のようにして贈与されたレガシー(遺産)より、ずっと高いモラルが維持される。子孫に美田を残したいなら金をとれというわけだ。

たった一つのものをどんな気持ちで売るのだろうか

プログラマはソフトウェアという複製可能なものを作っている。しかも商用ソフトであっても、使用権しか売らない。だから、作った物を手放す寂しさを感じることはない。寂しさがあるとしたら、自分の作品は、どんなに精魂傾けて作ったものでも、一〇〇年はおろか、一〇年先には世の中から消えてしまうことだ。そもそもそのソフトウェアをコンパイルするコンパイラがなくなったり、動作させる環境がなくなってしまう。

本にせよ、ソフトウェアにせよ、複製可能なものを作る仕事をしていると、複製不可能なものを作る人の気持ちはわからない。世界にこれ一つしかないというものを作り、それを売り、手放す人の気持ちはどのようなものなのだろうか。作家によって考え方はまちまちであろうが、まったく売れないのは悲しいけれども手元からなくなってしまうのも悲しい、というジレンマは当然存在するであろう。

ある程度までは複製が可能であるのか、あるいは、まったく不可能であるのかによっても、作者の感慨は違うであろう。

彫刻は、素材などによっては、複製がある程度まで可能である。たとえば、ブロンズ像を作る場合、原型をブロンズに置き換えることによって複製が可能であり、五作くらいまでの複製は本物として扱われるのが一般的である。これらの原型は、基本的に作者の手元か鋳造屋に残され保管されることになるので、このような場合、気に入った作品が売れて自分から離れていってしまうことへの感慨はあまりわかないようだ。

しかし、同じブロンズ像でも、作品へのかかわり方によって作者の感慨も変わってくる。彫刻家が自身で鋳造した作品には愛着が深まって売りにくいし、愛着があるものは、展覧会に出品して売れたらもう一つ別の鋳造を作って客に渡すということをするし、ほんとうに満足のいく仕上げができたと本人が感じた作品は、非売品として手元に置くということもする。

ブロンズ以外の、石、木、金属などの彫刻は複製ができないので、本物はこの世に一つだけということになる。ある彫刻家は、若いころは、セメント、木彫、石、プラスチック、陶器、金属溶接などさまざまな素材で彫刻を作っていたが、最終的には、ほぼ粘土で原型を作りブロンズにするという古典的な手法に回帰したと語っている。プラスチック、セメントなどの素材をやめたきっかけは、作品を作って一〇年もしないうちに、経年変化でバラバラに割れてしまう作品が相次いだためだそうだ。目の前で存在がなくなってしまったわけだから、作品が人手に渡るよりも本人のショックは大きい。その点、ブロンズは中国の殷の時代や、ギリシャの時代から残っているものがあるのだから、耐久性に関しては安心ができる。

一方、複製不可能な、たった一つしか存在しない作品である絵画については、画家はどのような思いで作品を売るのだろうか。

もしかすると二度とその作品とめぐり会うことはないかもしれない、という寂しさを味わうのだろうか。自分の作品を買い手に託す気持ちはどのようなものなのだろうか。タブロー画の成立によって作品と画家の関係が親密なものとなって以来、この寂しさは必然的なものだと思われる。

そこで次のようなことをシミュレートしてみる。

自分の作品と別れることに耐えられなくなった画家は、絵を売るのをやめることにした。さいわい、すでに高名となったこの画家は、裕福であり、愛好家が私蔵する自分の作品をすべて買い取り美術館を作る。これから作る作品はすべてこの美術館に飾る。そして、入館料をとって自分の作品を見せる。

失うことなく、手放すことなく、しかも自分の作品は人に見てもらうことができる。それほどではないにしても収入も入る。いうことなしの方法であるようにも思う。だが、なんとなくこれは画家の発想ではない気がする。かつてのような素晴らしい作品をもはやこの画家は作れないだろうという気がする。いや、正直にいえば、私は、何も失わない画家を画家とは思いたくないだけかもしれない。

シャガールとロートレック

じつは、このような画家は存在した。〝色彩の魔術師〟と呼ばれ、めくるめく色彩、空中を浮遊する超現実的幻想、詩情に彩られた独自の世界が高く評価されているマルク・シャガールである。

ロシア系ユダヤ人として生まれたため、多難な人生を生きながらも、油彩画のほか、銅版、リトグラフによる多数の挿画本、版画などすばらしい芸術を残したシャガールは、自分の作品をこよなく愛した作家であり、作品を売るたびに心に穴があいたような寂しさを感じたことを告白している。金のために、自分の傑作だと考えていた「祈るユダヤ人」を売らなければならなくなったときには、その作品が自分の手元を離れることを憂い、まずそのコピーを作ってから売るということをおこなった。けっきょく、「祈るユダヤ人」はほとんどそっくりな三つの作品が残されている。

シャガールがなにより理想としたのは、「自由」な制作であった。画家は、自分の作品を人に売るつもりであるかぎりは、新たに作品を制作するときには、これから作る作品の、自分の作品全体の市場価格に及ぼす影響を必ず意識する。それは作品に影響を及ぼさずにはいられない、として、「もし僕が自由ならば、売るための絵は描きたくないし、それが自分たちの部屋を飾るためであっても、有利な投資のためであっても、僕の絵を所有するために人々が大金を支払うような画廊には作品を展示したくはないね。ぼくは人生の残りを僕の聖書を描いて過ごしたいのだ」と語っている。

彼は、「自由」でなかったために「自由」を渇望し、批評や投機目当ての画商を逃れ、作品を一つのところに集めて作品に囲まれて生活することを望んだ。彼の作品は彼によって買い集められ、彼の死後は寄贈されて、南仏「マルク・シャガール聖書メッセージ国立美術館」に散逸することなく収蔵されている。

他方、作品を売ることが必ずしも必要ではない画家たちもいる。たとえば、一九世紀末フランスに生き、パリの街角、故郷の風景、家族や友人、酒場や娼婦など、身近な題材を率直に描いたロートレックがそうである。

彼は、もともとヨーロッパで最も由緒ある大貴族トゥールーズ＝ロートレック家の出身で、恵まれた環境のもと、人生を思いのままに楽しむのに十分な財力にも恵まれていた。ロートレックが、画家のみならず小説家や音楽家、彫刻家など、世界中の優れた作家がたくさん集まって互いに影響しあいながら共に生きていた充実したパリにおいて自由な制作をおこなえたのは、彼の足の不具合を心配した父の後押しによる。彼は、他の画家たちとは違い、生活の心配をすることなく、作品の制作や、画商となっていた幼なじみのジョワイヤンとともに日本の浮世絵を紹介する仕事に没頭することができた。

独創的で豊かな才能をもちながらも、私生活では酒場に入り浸るなどデカダンな生き方がたたったロートレックは、三六歳の若さで夭折してしまう。しかし、生活のために絵を売る必要のなかった彼の作品は、散逸することなく、彼の故郷のアルビに作られたトゥールーズ＝ロートレック美術館に集められている。ここにはロートレック全作品の六〇%が収蔵されている。このパーセンテージは、驚異的である。

購入された「預かり物」

ある特別に恵まれた条件のもとでは、画家は自分の作品を、自分の絵を大切に預かってくれるパトロンのサークルにだけ売って生活する幸せを享受できるだろう。パトロンは、絵の所有権は形式的には自分に移ったが、どこの誰ともわからない者に売却したり、ぞんざいに扱って絵を破損したりする自由はなく、大切に預かり守っていく義務があると思う画家のファンであり、そして、画家が個展を開く折などには、個人蔵として快くその絵を貸し出す善意の人々である。

そのようなパトロンと画家をつなぐ存在として、画商がいる。画家たちが創造性豊かな仕事をおこなうために画商が果たした役割は大きい。彼らは、たんなる絵の商人ではなく、画家たちの指導者であるとともに、けっして豊かではない彼らの生活を支える役割を果たした。

天才的かつ近代画商の典型といわれるカンウァイラーは、たんなるパトロンやプロデューサーの枠を超えて画家たちと結ばれていた。彼は、「商売の立場」と自分の趣味を分けて語り、最終的には、自分の趣味を優先することが多かった。彼は、気に入った画家の絵が他の画商によって扱われるという不愉快な目を避けるため、アトリエの作品を全部買い、さらに将来の作品をすべて買い取るという独占契約をおこなった。また、ふりの客に作品を売ることはせず、特定の蒐集家にだけ作品を売った。

カンウァイラーと契約した作家は一般の展覧会に出品することはできなかったが、そのかわり、リュ・ヴィニョンの店に展示され、作家と三、四人の蒐集家との小さな親しい仲間で作品のすばらしさを享受したのである。

しかし、多くの画家は、実際にはそういう幸せに恵まれることはほとんどなく、作品は誰とも知らぬ人に買われ、作品はどこへともなく消えていく。もう二度とその作品は世に出ることなく、資産家の応接間を訪れるごく少数の人々の目に止まるのがせいぜいの、ひっそりとした存在となっていく。

画家はこれ一つしかない作品を手放すからこそ、買い手は高い金を支払うことを納得し、購入した作品を預かり物と思う感覚を抱く。画家の作品は、画家と画家の作品を愛するパトロンたちのサークルに託される。そうした交流を私は美しいと感じる。

4 社交、非社交、脱社交

「社交」の発見

山崎正和は、『社交する人間』において、社交のために「殺し殺されるというのっぴきならない関係」さえ求めずにはいられない『動物園物語』のジェリーを例にとり、「社交という行為の底にひそむ切実さ」を浮き彫りにする。

ジェリーが求めるのは、地縁や血縁による強制的な関係ではない。「彼が要求しているのは、いわば目的のない会話であり、欲望をともなわない人間どうしの関心であり、限られた場所と時間のなかでの軽やかな人間関係である」。つまり、社交とは、孤独な個人の点在と、組織に強制された関係の中間に位置する「純粋に無償の人間のつながり」である。

中間的な関係である社交は、注意深い努力のもと、限られた時間と空間にしか成立しない。そこで人々は、場所がらを心得て行動し、物語の筋を理解してその進行にふさわしく振る舞うことが要求される。

最高の社交家とは、「しらけない人であって、自分のものではないさまざまな感情の物語に「つきあう」ことができる人間」のことである。それは「単純に自己を偽るということではなく、感じてもいない感情を偽造して表現するということではない」。最高の社交家は「感受性が鋭いのであって、本来は自分のものではない感情も、いつでもまさに自分のものとして感じとることのできる」人である。「社交のこのような性質を保障するために、第一に必要な条件は、時間と空間の限定である」。このような場のなかで「人は、時と場所にめぐりあうごとに、それにふさわしい感情を積極的に抱き、役の感情をつくらねばならない」。それを山崎は、「社交する人間は文字通り即興劇を演じている」と表現する。

この即興劇において筋書きの役割を果たすのが礼儀作法である。人は、礼儀作法という粗筋のなかで、作為に傾かず、自然に流れることなく、適度に抑制された感情を緩やかに共有する。

礼儀作法のもう一つの役割は、感情の統制である。「なりふりをかまう」行動は一瞬ごとにも意識の能動性を捨てないことが要求される。この注意によって、人は、「とくに感情に禁欲的になることなしに、むしろ刻々の感情の変化を楽しみながら、しかしその奔流にさらわれる危険を免れる」ことができる。

私は山崎の社交論に触発されつつ、「社交」を次のようなものと定義する。

――社交とは、よそゆきの自分を見せる身振り、感情ワーク、目的のない会話、礼儀作法によって他者を承認する身振りの交換である。

社交の本質は、他者を承認する身振りである。だからもっと定義をそぎ落とし、他者を承認する身振りが社交だとすることもできる。しかし私は他者を承認する身振りを「形式化」したものが社交だと考える。それが「よそゆきの自分を見せる身振り、感情ワーク、目的のない会話、礼儀作法」である。よそゆきの自分を見せる身振りは、「私はあなたに気に入ってもらいたいので自分を精いっぱい飾るのです」という身振りである。

たとえば私は目が見えないわけだが、それでも私と社交的なつきあいをする人々は、きちんとした身なりをし、おしゃれに気を遣い、こざっぱりとしたかっこうで私に接するはずだ。社交の場には社交をアシストするサービスマンがいることも少なくない。よそゆきの自分を見せる身振りはそのような人々に対して、自分が社交のパートナー、ホスト、ゲストに大いなる敬意を払っていることを示すことにもなる。

感情ワークも目的のない会話も礼儀作法も、すべて他者を承認する身振りの形式である。感情ワークは、社交辞令という形式をとりつつそこに自分の感情を乗せていくための役割演技である。目的のない会話は、純粋にあなたと一緒にいることが楽しいのだということを示す身振りである。感情は行為に寄生しなければ生きられない。行為を作ってやるのが、礼儀作法である。礼儀作法により感情を表出する容器ができる。これにより礼儀作法を装って自分の好意を相手に伝えることが可能となる。

裸でないから感情が出せるというわけだ。「サイコドラマは役になって思うぞんぶん感情を放出できるので気持ちいい」といわれるが、社交にもそうした機能がある。

いたるところに社交あり

このように社交を定義すると、社交は冠婚葬祭や友人とのつきあいだけでなく、あらゆるところに存在しうることになる。社交は他者を承認する身振りであり、それ自体が楽しみであるような交流であり、他者を手段として使わない関係である。

そんな交わりは、時間さえ適当に区切れば、親子、兄弟、妻と夫、恋人同士、職場の同僚、商取引、客と店員のあいだ、どこにでも、誰とでも成立する。暇を持て余している有閑階級の社交は、社交のための時間と場所をわざわざ用意してなされるだろうが、生きていくのに精いっぱいの人、仕事で多忙な人は、生活、仕事のなかに社交を入れていく。

たとえば人は、接客を忘れて社交的になる。じつは接客を忘れてしまえる人こそが有能な接客者である。人はやればその気になる。演技と本気はボーダレスであり、演技と本気の二項対立はなりたたない。

ネットオークションで落札すると、出品者からメールがとどく。そのメールにはほぼ決まって「短い間のおつきあいですが、どうぞよろしくお願いします」と書かれている。落札者は自分の誠実さを示すかのように、間髪入れずに代金を銀行振り込みする。代金を支払うと、落札者は、支払った旨のメールを送る。出品者は振り込みを確認し、商品を発送する。売り手は、商品をできるだけ速やかに発送するよう心がける。商品がとどいたら落札者はメールを送り、受け取った旨連絡し、商品が気に入ったことを相手に伝える。出品者もそれにこたえて、気に入ってもらえてとてもうれしいと挨拶する。

無事取引が終了すると、出品者は落札者の、落札者は出品者の評価をおこなう。あるネットオークションでは五段階評価を採用している。評価とコメントはネット上に公開され、良い評価はそれぞれのオークション参加者の総合評価ポイントに加算される。トラブルでもないかぎり、評価はたいていは「非常によい」である。そのときのコメントはたとえば「たいへんスムーズに気持ちよくお取り引きできました。また機会がありましたらよろしくお願いします」のようになる。

礼儀があり、他者を「信頼できる人」と評価する身振りがあり、自分の誠実さを証明する身振りがあり、目的のない会話があり、感情ワークがあるのだから、ネットオークションにさえ社交の場という側面があるといっていいだろう。

地域通貨での取引が社交であることはわざわざ説明しなくてもいいだろう。人々は地域通貨を媒介として物やサービスを与え合い受け取り合っているが、ほんとうに与え合い受け取り合っているのは、社交という贈り物だ。

画家とパトロンの関係もまた、私の定義では社交的となる。時間に始まりと終わりがないという意味では山崎のいう社交には当てはまらないとも考えられるが、山崎は同じ書物において次のようにも書いている。

（社交的な人間は）機械的な人間関係を惰性として結ぶのでもなく、かといって過度に情緒的な絆に陶酔するのでもない、成熟した友情を培う人でなければならない。いいかえれば社交的な人間は真に他人にたいして積極的な人間であり、関係をいわば手づくりにして、刻々に紡ぎつづける人であることが要求される。

［山崎正和 2003：303 （　）内は石川］

私がいささか美化してみせた画家とパトロンの関係は、山崎のいう友情そのものであるといえる。したがって私の定義ではいうまでもなく、山崎の社交観からもこれもまた社交といってよいだろう。

社交でも非社交でもない「脱社交」

社交的関係の対極には「非社交」的関係がある。つまり非社交は、他者を承認する身振りのない関係のことである。ただし、非社交的関係は関係であって、関係の断絶ではない。非社交的であっても他者への反応はあり、そこには相互行為があるということだ。

社交と非社交をこのように定義すると、社交でも非社交でもない関係があることに気がつく。他者を承認する身振りを構成する要素、つまり、よそゆきの自分を見せる身振り、感情ワーク、目的のない会話、礼儀作法のうちの一つ以上が存在しないか、あるいはこれら以外に、なにかしら他者を承認する身振りとなるような要素が追加されている場合、そのような関係を「脱社交的」と定義する。

このように脱社交を定義すると、たとえば「よそゆきの自分を見せることはしないが、感情ワークと目的のない会話と礼儀作法は申し分ない」というような洒脱な人の振る舞いは脱社交的だということになる。あるいは「礼儀作法はないし、感情ワークもできないし、会話も寡黙だし、自分をよく見せることもしないが、自己流の他者承認だけはたっぷりおこなう」というのも脱社交といえる。

社交は時間が限られているからできる。長時間のつきあいになる場合は、社交をインフォーマル化し緩和し脱社交モードに切り替えなければもたない。あるいは社交、脱社交、非社交モードの切り替えをはっきり相手に示さなければならない。たとえば私は新幹線や飛行機で同僚や友人と旅をする際、「いまから寝ます」と非社交モード宣言をする。あらためて「起きました」と社交モード宣言をするまではこのモードだということになる。

べつに眠らなくてもいい。「いまから寝ます」とさえいえば、相手から話かけられることはなくなる。こちらからも話しかける必要がない。社交モードで話をしていて、だんだん疲れてくると、なしくずし的に脱社交モードに移っていくということもよくある。声のトーンが下がり、他者の話への反応が鈍くなり、やがてあくびなどしはじめる。そして脱社交さえつらくなったら「ちょっと寝ます」というわけだ。

作為的脱社交と、非作為的脱社交

社交と、さまざまなバリエーションの脱社交を、場所と相手に応じてスマートに切り替えられるのが社交の達人といえるだろう。が、ここではそれよりも、社交で求められるいくつかの要素をどうしても満たせないという人の脱社交、さらには非社交について考えてみたい。

「作為的」脱社交は魅力的な演出を意図してなされるが、「非作為的」脱社交はやむをえない結果である。社交が求める礼儀作法を遂行する能力を欠いている人や、社交という場の文脈を理解する力を欠いている人がいる。精神障害、認知障害、知的障害、身体障害……障害者は心ならずも多かれ少なかれ社交から逸脱する。

たとえば二四時間介護を必要とする人のことを考えてみよう。

障害者はよそゆきの自分だけを見せることができない。介護者はローテーションで交代するので社交モードを保持することも可能だが、障害者は替われない。ずっと社交的であることは不可能であり、どうしても社交性は破綻する。ときには自分の思うようにいかないことに腹を立てて、介護者にあたってしまうこともあるだろう。落ち込んでしまい、社交で求められる明るさや快活さを提示できないこともあるだろう。ましてや礼儀作法にいたっては、どうにもならない部分が多い。

しかし、こうした社交の挫折から、新たな関係が始まる可能性がある。より深い関係、親密な関係の幕開けである。

冷静な反論が予想される。

介護は、障害者が食べる、飲む、排泄する、体を動かす、外出するなどの目的を達成するための手段である。障害者は介護者を手足のように使いたい、道具のように自由に使いたいという欲望をもつ。この欲望からすれば、感情をもたない優れものの介護ロボットがあればそれが最善である。

一方介護者は、自分を必要とする欠損者を必要とする。介護という善きものを実現するには欠損者が必要となる。介護者は、自己の優秀性を証明するには、未来と現在の落差をできるだけ大きくしなければならない。「それを埋めたのは私」だとするには、現在を過小評価し未来を過大評価しなければならない。現在ある姿を見ずに、未来との差分を見ることになる。これでは、どうみても介護する・されるの関係は、社交にとって好条件とは思えない。

それでは、ボランティアだったら自己目的としてのケアが可能かというとそうでもない。私探しのためのボランティア活動、自分のいる意味を知るためのボランティア活動が想起される。役にたつ自分でありたい、と介護に入ってくるボランティアは少なくない。彼らもまた自分を必要とする欠損者を必要とする。

そもそも、介護は有償であろうとボランティアであろうと、仕事である。仕事であれば達成すべき目標があり、したがって介護者の仕事は評価の対象となる。目的が達成されたのか、されなかったのかが問われる。だから自己目的としての介護などはどうみても成り立たない。——こう言われるかもしれない。

だがそれでもある種の社交はありうると私は思う。あるいは社交中心の介護というものがありうる。いや、私の言葉では社交でなく脱社交である。

言い直そう。介護する・されるの関係には脱社交的な付き合いを触発する可能性がある。社交的に振る舞えない障害者がいることで、そこに脱社交の関係が生じる。障害者の非作為的脱社交が、介護者の脱社交を支援する。脱社交モードに入りやすいのは、先にそのモードに入っている人がいるときだ。先に裸になっている人がいると、裸になることが恥ずかしくなくなる。よそゆきのかっこうをしているほうがむしろ恥ずかしくなる。

重度障害者が生きていけるのは、脱社交という感情公共性を主催できる立場にいるからである。そこに自分を開示したいのになかなかできないという人が集まる。自分のすべてをさらけ出して全力で生きている障害者の介護をするなかで、介護者たちは、ある者は介護ノートで、ある者は障害者に直《じか》に、自分のことを語り出す。そうやって自分の戦略性が解体していく。

よそゆきの自分を見せる身振り、感情ワーク、目的のない会話、礼儀作法によって他者を承認する身振りを示し合うのが社交だとすれば、形にはこだわらず、自分を開示することで、他者を承認していることが相手に伝わるのが、脱社交的関係である。

脱社交的関係では、忠告、お節介、からかい、喧嘩などなんでもありの関係となる。しかし、素の自分に戻るわけではない。お互いに他者を尊重しようと精いっぱいがんばるのだが、それでもどうしても挫折してしまうことのやむをえなさをお互いに了解しあっているような関係が、脱社交だともいえるだろう。この意味で脱社交は、社交の先にあるものである。

「できない」ことの力

それでは非社交はどうか。非社交には他者を承認する身振りが存在しない。非社交では、相手が「作為的」に非社交を決め込んでいるように見えるのか、それとも「非作為的」に非社交的なのだと感じられるのかは、かかわる他者にとって決定的な違いである。

作為的非社交の典型は、クライアントの障害者と介護労働をあまくみるような介護者である。彼らは遅刻したり、間際のキャンセルをする。介護中には、居眠りしたり、利用者に確認をしないでテレビのスイッチをいじったり、勝手にトイレを使ったり、携帯で友達と話をしたりメールを書くといった非社交的な振る舞いをやってしまう。彼らはあたかも自宅の自分の部屋に一人でいるときの「素の自分」のように振る舞う。対人サービスであるという自覚がなく、障害者をアシストすべきホストなどとはまったく思っていない。簡単にいえば、なめているわけだ。作為的非社交は不作法であり、礼儀を失している。

障害者にも作為的に非社交的に振る舞う人がいる。たとえば重い電動車椅子を駅の職員なり店の店員が数人がかりで持ち上げて階段を上げてくれても、感謝の言葉をいおうとしない人がいる、というのがわかりやすい例だろう。健常者は階段を上がるのにいちいち感謝などしていないではないか、というのが彼らの非社交の理屈である。しかし、少し考えればこれはおかしいと気がつくはずだ。エレベーターが設備されていないのは、個々の職員や店員の責任ではないのだし、しかも彼らもエレベーターがないために、しなくてもよい苦労をしたのだから、互いに共感しあえる相手である。だとすれば、こういうときにこそ社交性は発揮されるべきではなかろうか。

では一方が非社交的なときに、他方は社交性あるいは脱社交性を保持しつづけることができるのだろうか。そもそもケアは成り立つのだろうか。答えはイエスである。ただし、相手が非作為的な場合に限ってである。

「できない」のと「しない」のとでは決定的に違う。その気があれば社交的に振る舞えるのに、非社交的な態度をとりつづける人とつきあいたいと思う人はいないだろう。だが非作為的非社交の場合は、「したいけどできないのだ」というストーリーを構築することができる。

たとえば西村ユミの『語りかける身体』などを読むにつけても、看護師は、受け持ちの重度の植物状態患者や痴呆末期の患者のうちにも好きになれる部分を必死に探していることがよくわかる。患者を好きになろうとして、「できないから」にすがる。病気のせいだというストーリーを組み立てていくことで看護を続けていける。その人の歴史を聞くと看護の質が上がるといわれる。その人はもともとどういう人だったのかを聞く。それで他者が個性的に、立体的になっていく。他者を看護するために、いい人だったのに、苦労してきた人なのに、一生懸命生きてきた人なのに、というストーリーを必死に構築するのである。

私はけっして矛盾したことを述べているわけではない。

看護師による患者ストーリーの構築は、ときには元気な人を患者にしたて、欠損などない人を欠損者とみなし、リハビリを望まない人をリハビリに駆り立てることがある。第2章で、気配りや転ばぬ先の杖の提供でなく、自分をもてなそうとする患者をアシストするという発想が大切だと書いたのもこのような患者ストーリーを問題と思うからであった。いいかえれば、他者の望ましき未来を勝手に夢見て、そこからいまを見つめ、自分と他者がいますべき努力を決めてしまうことが問題なのだ。だが看護師は、幸か不幸か、未来に期待できないときには、他者の過去に救いを求めざるをえない。そのときにも看護師による患者の過去の脚色や美化が含まれるかもしれない。だが、それは、今度は看護される者を助ける働きをする患者ストーリーだという点で前者とは意味が違うと言いたいのである。

それにしても看護師というのは、他人をケアするために自分の力を精いっぱい使おうとする人たちだとつくづく思う。患者ストーリーにすがることまでして他者を看護しようとする人々の行為は、感情労働というような概念に収まるようなものではない。少なくとも私の感情は、感情労働という概念の乱用を拒絶する。

人をケアする労働は、感情労働として始まっても、感情労働では終わらない。

第6章
だれもが元気に、自由に、つつがなく暮らせる社会

1 人は無意味に働きたいわけではない

河村宏さん★との対話❶

私たちの働き方

石川　河村さんとはもう長いおつきあいになりましたね。

河村　ほんとうにそうですね。

石川　河村さんは障害者の情報アクセスの分野で大きな仕事をされてきましたが、その仕事ぶりは献身的とさえいえるほどのものだと感じています。河村さんの労働観について教えてもらえませんか。

河村　頼まれても頼まれなくても、自分にできることがあったらそれを引き受けようという感じでしょうか。

石川　それは、できる人や持っている人は、できない人や持っていない人に対して何かしら義務を負っているという感覚ですか。

河村　そうですね。

石川　ノーブル・オブリッジ、高貴なる義務というのもある種そういうところがあったと思うんですけれども、それは裕福で特権があって恵まれているから何かしなくてはいけないという義務感だったわけですね。今日におけるノーブル・オブリッジは能力を持っていたり、知識を持っていたりする人が、図らずもそういったものに恵まれてしまったので義務を負うということではないでしょうか。つまりエイブル・オブリッジです。財産を提供するのでなく、時間を提供し、持っている技術や知識を駆使して、他者が求めているなんらかの価値を生産する活動に協力するという規範意識です。河村さんにはそういう感覚があるように思うのですが。

河村　ぼくは、「人事を尽くして天命を待つ」という言葉が好きなんです。やれるだけのことをやれば、もうそれでいいじゃないかという、ある意味の楽観論なんです。やるべきなのにできないことはいっぱいあるのだけれども、でも、けっきょくやれることには限りがあるんですね。やれるだけのことを、自分が精いっぱいやっていれば、人からとやかく言われることもないし、自分でも満足できる。だから、やれることがあるあいだは、それはやるということなんです。

石川　誰しも何かやれることはあるわけですよね。ぼくは、これについては僕がやったほうがいい、と思うことがあるんですが、河村さんはどうですか。

河村　だから、そういうことしかやってない。

石川　買って出ているつもりだけれども、うぬぼれと思うことはないですか。

河村　出し惜しみは嫌ですね。出し惜しんでいるというのが、けちくさくて嫌ですね。

石川　でも、絞り出しているというところはないですか。

河村　はまってしまうと、ときどきこんなはずじゃなかったのにと思うことはありますよ。

石川　ぼくは、いつも自分の力を二〇〇%出そうとしているんですよ。自分の能力を超えてがんばろうとするんですね。

河村　目算が狂って、思った以上に労力がかかってしまって、でも、やりかけた以上はキリがつくまでやらなくてはというはめになることは、しばしばありますけどね。それは例外なのか、いつもそうなのか。

石川　ぼくはいつもそうです。たいてい自分の目算が甘すぎて、自分には手に余ることが多いのですけれども、でも、これはぼくでないとできない、というのがあるのです。

河村　客観的に自分がやるのがいいと確信がもてれば、それはやるしかないんですね。

石川　ちょっと、嫌らしくはないですか。

河村　嫌らしいと思う人間もいるかもしれない。でも、たまたま居合わせてしまったときはそれもしょうがない(笑)

――「弱さ」から遠いところにいる

石川　ところで、河村さんもぼくも、弱さを認める

★国立身体障害者リハビリテーションセンター研究所障害福祉研究部長

のがとても苦手ですよね。できないとは言いたくなくって、がんばってしまう。かなり強引にできるようにしてしまう。ぼくの場合は、とてもできそうにないと思っても、つい始めてしまう。ところが不思議なことに、そういうときは実力以上の力が出てしまうんです。あとで振り返ってみると、どうしてできたのかわからない、自分がやったとは思えないことがよくあります。なんの知識もないのに、いきなりむずかしいソフトを作り出したり、なんの学問的蓄えもなしに本を書いてみたり。

河村　自分が極端な意地っ張りであることは認めます。意地にでもならなければ人はすぐ長いものに巻かれてしまう、と意地を張るくらい意地っ張りです。弱さを認めるのはむずかしいですね。弱音を吐くことと区別がつきにくいですね。もっとがんばれるのではないかと自分にむち打ち、仲間にむち打つうちに、崩れていく仲間を見ることがあります。彼や彼女なりにがんばっているのがわかるとき、あまり無理しないように言うことはできますが、もう我慢できなくなった人にペースを合わせて包み込むことができない。はたからはペースを落としてつきあう男とは見られていない寂しさを感じることもあります。

誰よりも辛抱してがんばることに人間としての生き方の美しさを見るようなところがあるのは否定できないですね。これが無言のうちにまわりの人の負担を作り出している可能性も否定できません。特に家族やいちばん近い共同作業者に。無理でなければやるべきだと考えるとき、人によって無理の幅が違うのをどう組み込むのか、今でも毎日悩んでいます。

石川　二五年おつきあいしてきましたが、初めて河村さんが自分の感情を開示してくれたことに驚きました。先日「べてるの家」の講演を聞いて感動されたそうですが、べてるのおかげですね(笑)

でも、私たちはつくづく、べてるからもっとも遠いところにいると思います。自分の力を頼みにして猛烈に働いてきたし、それを変えるつもりがない。怖くて変えられない。ぼくは年をとりたくないんです。

べてるの家の話を出したついでにいうと、ぼくは社交型労働というのに興味があります。社交には遊ぶとか楽しむとか味わうという側面がありますよね。楽しんだり味わったりするには、できるだけ時間を引き延ばすのが鉄則です。社交的な食事は三時間ぐらいかけて楽しみますよね。仕事も社交的にやるのがおもしろいと思います。ぼくはゲーム好きなんで社交型の仕事は気に入っているんです。

じつは、この本でも社交型を試みています。ところが、ぼくは書くのが速すぎるんです。一人で書いていると遅筆なくせに、社交型になると異常に速いんです。期待にこたえたい、早く次を書いて読んでもらいたい、感想を聞きたいと思って息せききって書いてしまいます。しかし、結果を出すのを急ぐと社交的にならないんですね。社交的な形式をとっていても、ぼくのペースは速すぎてみんな社交を楽しむことができません。早く返事を書かないとぼくがまた次を送ってくる。どうしようどうしようという感じになってしまいます(笑)

河村　あなたはプログラミングも異常に速いよね。あとメールをいつ出してもすぐに返事が来るよね。

――承認を求めて働く人々

石川　河村さん、働いた人は賞賛されてよいでしょうか。ねぎらわれてよいでしょうか。

ぼくは誉められたい人だし、ねぎらわれたい人なのです。だから、そのためだけに働くことをいといません。しかし、お金しかもらえない仕事、お金はもらえるけれども自分の実績にならない仕事は苦手なんですよ。お金にならなくてもいいから自分がやったということをみんなが認めてくれるような仕事のほうが、ぼくはがんばれる。

そういう人はけっこういて、全体の生産性を上げていくためにはそういう人たちのモティベーションも使ったほうがいいだろうと思うんです。承認を求めて働く人々に、評価という報酬を与えることで、彼らは比較的安価に仕事をしてくれます。社会全体の生産を増すということからすれば、働いた人たちに評価を与えたりねぎらうのは悪いことではないように思うのですが、河村さんはどうお考えでしょうか。

河村　今の世の中だと、名前の付く仕事と付かない仕事というので見ると、名前の付く仕事のほうが払いも大きい。

石川　だけど、本とか講演なんか全然儲からないですよ。われわれが書く本なんて赤字ですよ。講演だって準備に時間がとられて赤字のことがしばしばです。

河村　一対一の収支ではね。でも、それが実績となって次の仕事とか、ポジションとかの準備になるからそういう効果もあるわけでしょう。本を書くということは、それ自体の収支というよりも長い意味での投資であると考えられるのではないでしょうか。だから、名前を残している人というのは、いろいろな意味で十分ペイしていますね。ぼくは、名前を残さないで働いている人たちの労働の内容を、もっときちんと記録し認知するべきだと思っているんです。

たとえば、一般行政職ももっと研修の機会が与えられるべきだと思うんです。仕事するうえでもっと勉強しないと、どういうふうに判断していいのかわからない。ケースワーカーの人もそうだと思うし、看護師とかもそうですが、不断の研修が必要ですし、いい実践をみんなの共通の経験・財産にする機会ももっと保障されるべきだと思うんです。研究者は、学会とか研究会に出席する手だてが保障されているじゃないですか。だけど、無名の職員の多くは、そういうところに行くというと、休暇で行かなければいけないとか、出張命令を出してもらわないと行けないというようになっているでしょう。

石川　そうですね。

河村　それは、そこに承認がないからだと思っているし、研修や交流の機会というものが、もっと保障されることによって一人の人が学んだ体験というのがみんなのものになり、集団のものになり、よりよい次の仕事に結びついていくと思うんですよ。だからいわゆる研究職とか専門職以外の仕事の価値を、もっときちんと認知するべきではないかと思っている。あらゆる行政職を含めて、もっと研修の機会とか、交流の機会とかを保障すべきだと思うんですよ。

要は、知識を蓄積し、経験を蓄積して初めてきちんとした仕事ができるという労働でしょう。その蓄積した経験、あるいはそこでの疑問というものを、同業の人々のあいだで交換し、整理し、蓄積し、みんなの次の財産になるようにして、それでその集団の仕事の内容を高めていくという機能ですよね。何に苦労したかが理解され評価され次に生かされると、別に給料は増えなくても、うれしく思うでしょう、普通は。

石川　自分の仕事の発表の場や勉強の場を、あらゆる仕事に対して与えるべきだという提案ですね。いわゆる頭脳労働系、感情労働系だけでなく肉体労働系もできますよね。すべての仕事にノウハウがあり、研究発表できる奥の深さがあると思います。どんな仕事にもアマチュアとプロがいますからね。プロはやっぱりプロですよ。話を聞いてみると、さすがプロは違うと思うことがよくあります。

――仕事の証をどこで確認するか

石川　ところで、「みんな名前を売るのをやめましょう」という一律平等主義というのが論理的にはありえますよね。生産物から生産者の名前を消去し、生産物だけを評価しようという考え方です。

たとえば書物から著者名を削除するという例で考えてみましょう。そんなことはほんとうはありえないのですが、読者にとっては、書物の内容だけが意味をもち、誰が書いたかなどはどうでもよいとしましょう。そして、著者には著作権料は入るが自分が書いたのだということはマスクされてしまうようにするというアイディアです。

もっとも、大多数の著者が得てきたのは著作権料ではなく、著者としての承認や評価だったのですから、それが与えられないとすれば著者はほぼ死滅するでしょうけれど。いずれにせよ、そういう方向での発想には、河村さんは行かないということですよね。

河村　だって、品質保証がないじゃないですか。著者がわからないとわれわれはその本を信用していいかどうかわからない。間違ったことが書いてあったらどうします。こんなことといったい誰が書いたんだ、と責任をとらせるということだってあるじゃないですか。責任をとらなければいけないわけじゃないですか。

石川　名前を出すというのは、いいことばかりじゃなくて、責任が生じるのだから、それはそれでいいんじゃないかということですね。

河村　名前を出す労働ばかりがクリエイティブな労働であるというふうに思わないほうがいい、というのが私の立場です。

石川　それは理解しました。静かに仕事をしていて、自分がやったのだということを伝える場がなくても非常に重要な仕事、ほんとうにプロフェッショナルな仕事というのは世の中にいっぱいあって、見くびってはいけないということですよね。そしてそうした仕事にも研修や発表の機会が与えられるべきだということですよね。

河村　そういう人たちも、じつは知の集積をやっているんです。同業の人同士の交流のなかで、お互いに認知されて、これはあの人に聞こうとかあるでしょう。

石川　なるほど。それでは、仕事をしていない人は、その充実感を味わうことはできないのだけれども、それはしょうがないですかね。

河村　いずれぼくも働いていない人になるんですよね。そういうときに、何をもって充実感を毎日見いだすのかということに、みんな直面するよね。

石川　とくにばりばり働いていた人は気が抜けるでしょうね。

河村　次の世代に何を残せたか、伝えられたかということが身近に感じられるのは子どもや孫でしょうね。社会まで広がっていかなくても、そばで成長を楽しみに見ていられるものがあるというのはいいですよね。

もう一つは、後輩の仕事とか、自分が外へつくってきたものが、その後どういうふうに発展していくのかというもののなかに、自分がやった仕事の痕跡を見るという楽しみもありますよね。建築や土木関係の人は単純労働をした人も含めて、あれは自分がつくったものだということを、かなり長いあいだ楽しんで見ていられるみたいですね。これからはソフトも含めた街づくりなんかも、参加した人は誰もが長く楽しめるでしょうね。そういう、自分の外に外化したものを、ずっと見守りながら、それの価値をあとで確かめるというものになるかな。

石川　でも、それはプロデューサーであったということですよね。何かを生み出した、生産したという人の場合ですよね。あるいは、育てた人ですよね。育てることができなかったり、生産できなかったりすると、どうしましょうか。河村さんだけを追い込んでもしょうがないんだけど(笑)

河村　それは、友達とか家族とか、かかわりのあった人間との関係じゃないかな。生きた証というのは、そこにどういう充実したものがあったのか、ということとなんじゃないの。

石川　二四時間介護を必要とし、多くの介護者のアシストを受けて生活している人は、介護者を育てる楽しみがあるし、介護者が自分の力で成長していくのを見守る楽しみもあるということでしょうか。それはあると思いますね。

賞賛を、せめてねぎらいを

多くの人が生活するために働いている。稼いだ収入で食料を買い、衣服を買い、住宅費を支払い、電気・水道・ガス・電話代を支払い、ガソリンを買い、本や雑誌を買い、教育費を支払い、趣味や娯楽を楽しみ、暮らしている。

人は生活するため以外にも働いている。たとえば自分の価値を証明するために働く人がいる。彼らは、収入にならないとしても、働いた自分を承認してさえくれれば、喜んで働く人たちである。同じ理由により彼らは、経済的報酬は得られるが、自分が働いたということを公表できない仕事、公表する機会のない仕事、したがって私の働きを知るごく身近な人以外からは承認を得られないような仕事をせざるをえなくなると、労働への興味をなくす人たちでもある。

自分の働きを示してそれへの評価を求める人は、能力にすがる存在証明に躍起になる人であるかもしれず、虚栄心や自己顕示欲の固まりであるかもしれない。しかしそうした人は他者に敬意を払う人でもある。なぜならそうした人は、自分が評価する人から評価されたいと思う人だからである。評価を求める人は、人を評価することを惜しまない。take したい人は give する人でもあるということだ。

社会にとっては、自分の仕事を誉めてほしい人がたくさんいるのはむしろ喜ばしいことである。経済的には十分報いることができなくても、評価さえすれば良い仕事をしてくれるのだから、歓迎すべき人々である。人が良い仕事をしたら心からの賞賛やねぎらいを送る。賞賛やねぎらいを受けた人は、自分の働きを正しくあるいはいささか身びいきに評価してくれた人たちの評価眼を評価する。「働いた人」と「働いた人を正しく評価する人」との相互承認、そういう承認の与えあいは悪くないのではないか。

しかし立岩真也は、能力と生産とを人の存在価値に結びつけることが問題なのだという。そしてこれらの価値を拒否する。

(1) できることと所有することをつなぐことを否定する。生産する人と、生産され譲渡できるものを切り離す。できた結果を分配することを正しいこととする。

(2) できることは人の価値ではないとする。できることよりも存在することが大切だと考える文化を育む。

(1)と(2)により、「自由の平等」が実現する。ただし、(1)については、ある程度は生産した者を優遇しないと、人は働かなくなる。できる人には働いてもらわなければできない人も困るので、ある程度の傾斜配分はやむをえない。しかし、(2)については妥協しない。

立岩真也の思想を単純化すればこうなる。

しかし、賞賛されないと人は働けない、あるいは賞賛されるときほどには働けないのなら、立岩の論理にそっていえば、やはり達成や貢献は賞賛するほうがよいのではないか。せめて、心からねぎらってよいのではないか。働ける人にはできるだけ働いてもらわないと働けない人も困るのだから。働いた人はねぎらわれてよい、と私は思うし、賞賛されてもよいと思う。働けない人がそのことではねぎらわれない、賞賛されないとしてもである。

存在証明と内発的義務

達成と業績を競う存在証明のゲームを好む人は多い。負けると悔しいが、勝つとうれしい。そのゲームがおもしろくない人はゲームを変えようと提案する。あるいは勝手に新しいゲームを始める。だからゲームは変わりうる。仮に存在証明のゲームをすべてやめてしまったら、それはそれでつまらなくなる。

参加したくない人まで、一つのゲームに参加していることにさせられたのではたまらないから、むしろ多様なゲームを創造し、参加と不参加の自由を実現するほうが現実的ではないか。能力にすがる存在証明を廃絶しようという提案より、能力を相対化する努力のほうが有意義だと私は考える。

ただし、その気になれば存在証明になる職業、たとえば援助的な職業を、たんに生活のためにおこなおうとするたしなみ、わきまえを持つ人も、どこかにはいる。しかしその場合も、生活のために働くことを天職と考えるような、宗教的な労働の意味づけが、その人を支えている可能性がある。

数はそう多くはないが、「内発的義務」(最首悟)や「済まなさの感覚」(アマルティア・セン)や、ミッションやコーリングなどと呼ばれる義務の感覚にもとづいて働く人たちがいる。存在証明のためでなく、自分にできることがあれば出し惜しみせずがんばろうとして働く人たちである。

能力を持っていたり、知識を持っていたりする人が、図らずもそういったものに恵まれてしまったので義務を負うという道徳を内在化して、時間を提供し、持っている技術や知識を駆使して、他者が求めているものを生産する活動に協力するという規範意識である。

こうした、力のある人には力を使う義務があり、与えうる物を持っている人には与える義務があるという道徳を内在化した人は、社会全体では一握りの人かもしれないが、彼らはしばしば素晴らしい仕事をする。

いずれにせよ、人は期待されると期待にこたえようとして働く。なぜ期待されるとがんばるのかは人によりさまざまである。まず存在証明系の人であれば、自分の株を下げるピンチであると同時に、自分の株を上げるチャンスでもあると考えて張り切るのだろうし、内発的義務系の人であれば、自分の義務と受け止めてがんばるのだろう。

人は「あなたにはあなたにしかできない、あなたにならできることがある」と言われるとがぜん張り切る。ただし、まったく自信のない場合にはこのように言われると重荷に感じ、途方に暮れる。そこで、負担をできるだけかけずにがんばってもらおうと思えば、「これができるとしたら、それはあなたしかいない」という言い方がよい。

なぜならこの期待のかけ方は、「あなたがやってできなければ私たちは納得する。できなくても誰もあなたを責めない。だからベストを尽くしてもらえないだろうか」と言っているに等しいからだ。言われたほうは、期待しつつ自分への配慮を忘れないそのような期待のかけ方に励まされ、実力以上の力を発揮できる可能性が高い。

「つなぐ」という働き方

私は最近、人の気持ちを動かそうとして、駅伝の比喩を使う。大きなムーブメントのなかで私たちはみな駅伝ランナーなのだから、みんなで力を合わせてタスキをつないでゴールをめざそう、と語りかける。

こう言うと、張り切ってくれる人が少なからずいる。とくに自分の力に自信のある人ほどそうだ。さらに追い打ちをかけて、「アクセシビリティは高い技術と正しい思想により実現する」とも言う。高い技術と正しい思想を両方めざす人はかっこいいと誰しも思う。これは有能でセンスのいい人材を味方に加えようとするうえでは有効な戦略だ。

なにしろ駅伝だと責任は重い。自分が止まったらタスキはつながらない。だからこそ、プレッシャーに強い人たちにはこの言い方が有効だ。みんながんばる。当然私もこう自分に言ってがんばるわけだ。

しかし期待にこたえる生き方はストレスがかかるのも事実だ。一騎当千の強者はそう多くはない。期待にこたえてがんばる以外の働き方が合う人も多い。

たとえば、「べてるの家」は「安心してサボれる会社づくり」を合言葉にして「がんばっている」。

> 「困っている」「一人でできない」という情報を少しずつまわりに伝えはじめたとたん、応援する仲間が増えてきました。
> そして、一人でやっていた仕事がいまでは一〇人でローテーションを組む仕事に変わりました。
> 毎週のようにミーティングが開かれ、コミュニケーションも生まれてきました。一つの仕事に複数のメンバーがチームをつくり、相互に支えあう体制ができつつあります。いままでは逆に困っている人をサポートする余裕も出てきました。これで好きなギターもできます。「病気」も出せます。なんといっても「安心してサボれる」のがいちばんうれしいことです。
> ［浦河べてるの家 2002：63］

べてるの家のがんばり方は駅伝モデルの改良型だということができる。一人一人の走る長さをあらかじめ決めていない。走る区間を可変長にすることで個々にかかる負担を軽くしている。柔軟性と臨機応変さに優れたがんばり方である。もちろんそれは、「仕事量に比して人がたくさんいる」という条件がないと実現しないという冷静な理解も必要ではあると思うが。

ついでにいうと、自転車のロードレースの比喩もおもしろい。自転車競技の特徴は風だ。風に弱い。どんなに強い選手でも先頭を走りつづけると勝てない。そこでチームごとに隊列を組み、先頭を交代しながら走る。余裕があればエースには先頭を引かせない。やがてスピードが上がり、先頭を引けない選手が出てくる。後ろにも付けなくなり落ちていく。最後は各チームのエースが飛び出しゴールをめざす。

これがツール・ド・フランスなどの自転車のロードレースだ。エースは自分の力だけで勝ったわけでないことをよく自覚している。サポーター役の選手も貢献できたことに満足する。通のファンはエースだけでなくサポーターも評価する。「あの選手はいいサポーターなんだよ」などと言ったりしながら。

たしかに、エースを勝たせるためにチームメートはみんなサポーターに徹する。しかし、それにより勝利したのはエースとともにチームだ。エースを勝たせるのがチームの利益になる。みんな貢献できる。しかもエース以外は、自分が少しばかり不調でも致命的な影響をチームに与えるわけではないという安心感もある。

私は、期待はストレスだと書いた。だがそれだけではいかにも不正確だ。他者の期待と自己評価は概してずれる。自信のあること、得意なことは求められず、できそうにないこと、不得意なことを期待される。期待がストレスであるのは主としてこのずれのためである。

だが、同時にこのずれは自分の殻を割るきっかけにもなる。もともと不得意なことなのだから、できなくても落ち込むことはないと開き直ることができれば、期待にこたえるのはリスクでなく絶好のチャンスとなる。だから、したいこと、すべきだと思うことをもっていて、他人から期待されなくても内発的に、意欲的に仕事のできる人であっても、期待にこたえて働くモードをもつことは貴重だ。

最後にもう一つ。期待されると決まって期待を裏切るが、期待されないと突然よい仕事をする、という意外性あふれる人もいるとおもしろい。こわくて大切な仕事は頼めないが、誰も期待しないときに思いがけなくよい仕事をするかもしれないから、ジョーカーとしてはとっておきたい人だといえる。ピンチヒッターの切り札を切ったあとに残っている最後の代打者のように、打数は少なく、打率もけっして高くはないが、記憶に残る仕事のできる人である。

2 配慮の平等

河村宏さんとの対話❷

――エベレストに登りたいと言われたら

石川　分配的正義について話をしましょう。

働ける、働けないということにかかわらず、自由を平等に分配していくということを考えたときに、たとえば、生活保護を受けていると、やれ海外旅行はぜいたくだとか、やれ大きな冷蔵庫はぜいたくだとか、やれ車は売却せよ、などと言いますよね。

ローマーという人が高価な嗜好としてエベレスト登山の例を出して議論しています。ひ弱なスポーツマンなのに、徒歩でエベレスト山頂に行かなければ自分の人生は無価値であると信じる人がいるとします。この人の望みを実現するには、十分なシェルパやその他の支援の人々を雇うために大量の資金を要します。自分のお金を使って、あるいは自分でお金を集めてきて登るのなら勝手にどうぞということだけれども、公的なセクターがサポートするなんてとんでもないというのが常識ですよね。

みんながエベレストに登りたいというわけではないから、その人の希望を公的に支えたとしても、みんなが「私も私も」とエベレストに登りたいというはずもないからいいじゃないかという楽観論もある。けれども、人間というのはそう美しくなくて、その人に二〇〇〇万円出したのだとすれば、私にも二〇〇〇万円くれ、私にも二〇〇〇万円に相当するような夢や願望もあると、たぶんみんな言い出すでしょうね。そうすると公的なセクターとしては、それはサポートできないし、支えられないということになるでしょう。

どうしても線引きが必要になるのだけれども、ほんとうは繊細に見ていくと、たとえば「最愛の息子がエベレストに登って遭難したので、私は彼が亡くなった場所にどうしても行ってみたいのです」とかぜいたくな嗜好の持ち主は語ったとしましょう。もしそうなら、ぼくは、そういう願いであれば実現できてもいいのではないかという気もするわけです。だけど一方で、冷静に考えれば、公的なシステムとしては個々の事情に対応するだけの繊細さをもつことは不可能だというようにも思います。河村さんは、どう思いますか。

河村　ぼくは、寄付を集めてというならいいけど、公的にというのは非常に抵抗を感じるね。

石川　エベレストは高過ぎると。

河村　ううん。公的となるとプライオリティを付けるしかないよね。

——切実さという問題

石川　一つの価値基準で測るしかないでしょう。そうすると、一人ひとりの価値基準というか、一人ひとりにとっての意味みたいなものとは基本的には相容れないもので、残念ながらそれは仕方がないと割り切るしかないだろうということですよね。

河村　よく「切実な」という言い方があるじゃないですか。

石川　その場合、きっとその人にとってそれが切実なんですよ。切実だけれどもやたらと高いということがあるじゃないですか。

河村　自分のが切実なんだということがわかる人であれば、ほかの人の切実なものもわかるはずで。

石川　じゃあ、私の切実な要求は引き下げるから、その代わり、それで一〇〇人ぐらいの切実さに対応できるから、そのお金でそれらの人たちの切実な要求に対応してほしいと言ってくれるのではないかと期待したいわけですね。

河村　合意するのではないか。そういう常識があるだろうと思います。

石川　でも、それをずーっと延長していくと、お金のかかる人の要求、たとえば、二四時間介護だってお金がかかるじゃないですか。それをやめてほかの切実なニーズに振り分けると一〇人ぐらい助かるかもしれないでしょう。それは同じじゃないの。

河村　二四時間介護の人が、生存する、社会生活をするということと、エベレストに登るということと、かなり違うよね。

石川　生きていくというレベルの話と、そうでないレベルの話はまったく違うということでしょう。

　ぼくは、今、わざと極端な例を示しているんですけれど、そのあいだにいろいろな切実さがあると思うんですよ。たとえば海外旅行もそうです。

河村　海外旅行も目的によるよね。ぼくはそう思うよ。

石川　墓参りに行くとかそういうのはいいですか。実家に帰りたいとか、実家の親に会いたいとか。

河村　親が死ぬ前に一回会いたいとか。

石川　一回(笑)

河村　ぼく自身墓参りもできないからさ(笑)

石川　どちらかというと、「海外旅行ぜいたく論」に近いですか。

河村　用事があって行くなら大いに支援するけど。

石川　用事？

河村　どういう用事かによるよ。

石川　仕事とか？

河村　ただ、海岸でぼけっとしたいというのなら、日本の海岸でいいんじゃない。

石川　海外だっていいじゃないですか。だって、働ける人はみんなぼけっとするために海外に行けるじゃないですか。お金を稼いでいる人たちは。

河村　あなたは、ぼけっとしに行ってる？

石川　行ってないけど。ぼくは、ぼけっとする趣味はないんだもん。それは、ぼくにぼけっとする趣味がないからであって、行く自由がないからではないわけで。

河村　ぼくの趣味にはあるけど行ってないよ。

石川　自分が行っていないからといって、人も行かせるべきではないということはないと思いますけど(笑)

河村　そこは、切実さの問題というのがあるよね。自分で貯めた金で、自分でオーガナイズして、自分で行ってくるというのは、大いに結構だよ。

石川　だから、働けないんだから貯められないいんだって。働ける人は大いに働いて、貯めて行きたい人は行ける自由があるじゃないですか。だから自由の平等というとき、働ける、働けないということは一回横に置いて考えるべきではないですか。

――プライオリティの根拠

河村　じゃあ、こういうのは。「働けない人たちに何席か空席を用意しました。みなさんで話し合って、選ばれた人が行けるようにしましょう」。そこまではできます。全員を行かせるのは無理です。

石川　お互いになぜ行きたいのかということを語ってもらって、みんなで決めるしかないですよね。あるいは順番を決めるとか。ようするに決めなければ誰も行けないわけだから、誰かを送り込むほうがいいですよね。そのときに、どこかの会に出てこんなことを勉強してきたいんだとか、こういうことを学んできたいんだとか、こういう仕事をしてきたいとか、ぼけっとしてきたいとかいったときに、「ぼけっとしてきたい」だけが冷遇されなければいけない根拠が、ぼくはよくわからないんですよ。

河村 優遇される根拠もないでしょう(笑)

石川 優遇される根拠もないんだけど、冷遇される根拠もないんじゃないの(笑)

河村 順番を付ければいいんじゃないの。

石川 順番は付けられないんです。一人ひとりの価値観が違うのだから。

河村 でも、さっき言った、ぼけっとしたいという人が五〇〇〇人いたとして、三席ありますという手はあるんじゃないの。

石川 ぼけっとしたいグループは三席だけだというわけですか。宝くじですね。じゃあ、もし、ぼけっとしたい人には三席で、何かを勉強してきたい人にも三席で、そういう人たちがそれぞれ五〇〇〇人いたとすると、平等に扱うことになりますよね。それはいいですか。

河村 現実の世界って、そんなようなものじゃないの。ぼけっとしたい人にもまったくチャンスがないわけではないし。

石川 でも河村さんは、どちらかというと気分的にはウエートは付けたいんでしょ。目的がある場合は五〇〇〇人に対して、三〇〇席ぐらい用意するとかね。

河村 もし公的な助成だとしたらね。公的な助成で、なぜ三席だけ提供するかというと、やはりまったくチャンスがないというのもよくないのではないかということを認めるとすれば、ということでしょう。プライオリティを付けると、用事がある出張はできるだけ行けるようにしましょう。用事がない人にもチャンスはあってもいいかもしれない。でも、それはみんなで公平に何分の一かのチャンスを分け合ってもらうしかないんじゃないかと。みんなを行かせるだけの資源はない。

石川 資源は有限だし、働かなければ資源は増えないわけですよね。だから、働ける人にはがんばって大いに働いてもらわなければいけない。その資源をみんなで食いつぶすわけにはいかないから、大切に使わなければいけないし、有効に使わなければいけないのですが、何が大切であるかは一つの物差しではなかなか測りきれないという感覚を、われわれはもっていると思うんです。ただし、それでも、公的なものになるとある物差しを用意せざるを得ないというのは、たしかにそうでしょう。

河村　ぼくは、大勢の人が海でぼけっとしたいという要求があるのなら、それは公的な助成で認めるというのは、全然やぶさかではないんです。やぶさかではないんだけど、全部を認めるリソースはないというのも明らかですよね。そうすると、どうしたらいいかとか、みんなで納得できるようなチャンスというものをつくるしかない。それをみんなで合意できますかと言うしかないですね。おれだけを行かせろと、みんなが言ってもどうしようもないでしょう。

配慮の平等を

石川　配慮の平等ということをぼくはずっと言っています。「配慮を必要としない多くの人々」と「配慮を必要とする少数の人々」がいるという考え方が社会通念としてあると思います。しかし、そうではないと思うんですよ。「すでに配慮されている人々」と「いまだ配慮されていない人々」がいるというのが正しい見方だと思うんです。

配慮の平等を実現するには、マーケットメカニズムだけでは不十分で、公的なセクターも入ってこなくてはいけないし、ハードロー、いわゆる法律なり、ソフトロー、つまり法ではないが法に準じるものなりで企業等の行動に対する一定の縛りをかけてでも、平等を実現しなくてはいけないと言っているんですけれども、河村さんはどう思いますか。

河村　そのとおりですね。ぼくが著作権のときなんかに言っている論理は、権利者のためには手厚く毎回改正を重ねてきているのに読者のための改正を重ねていないから、どんどん権利者のほうばかりに偏った法律になってしまった、ということです。

技術の進歩の成果というのを、読者も、とりわけ障害のある読者は、その進歩を待望していたわけだから、真っ先にそこで技術の進歩を反映した著作権法上の改正というものがあってしかるべきなのに、それを抜きにして著作権者の保護、コピーの防止ばかりを積み重ねるからどんどん偏ったものになる。バランスがとれていない。

ぼくは、バランスをとるべきだと思う。そこにハーモニーがないから問題なので、ハーモナイズするべきだというのが、ぼくのロジックなんだよね。

それは、あなたが言っていることと同じことなんです。けっきょく、道路だって自動車優先の道路整備というのは着々と進んで、全国に高速道路ができたわけじゃないですか。そのときに、段差解消とか視覚障害者も安全に歩けるとか、高齢者も車を気にしないで歩ける、乳母車も無理しないで押せる、そういう道づくりをやったかというと、そうではないわけでしょう。同じことだよね。

石川　だから、強い人ほど配慮され、弱い人ほど配慮されない仕組みになっているんじゃないですか。

河村　やっぱり経済でしょう。経済的なインセンティブが強いものほど優先的に整備されてきた。だから、今みたいにバリアだらけのものになっている。

技術の成果を独占してよいのか

石川　複製のことについても一言いいたくなりました。個々の著作権者も著作権者の団体も、映像にせよ、音楽にせよ、電子ブックのような文字情報にせよ、口をそろえて「著作権は保護されるべき絶対の権利であって、だから電子コンテンツは、絶対に複製できないように厳重にプロテクトすべきだ」とおっしゃるのですが、じつは複製技術が著作権者に膨大な利益を与えてきたと思うんです。音楽なんてそうだけれども、生演奏しかできないといったら、自分が演奏する限りでしか報酬は得られないわけじゃないですか。複製技術があって大量複製できるから利益を得ているわけでしょう。

河村　まさにそうですよ。技術の進歩の果実をすべて自分のために独占したいということでしょう。

石川　たとえば絵描きというのは、自分が描いた絵、彫刻家でもそうだけれども、それ一つしかないから厳密な意味で複製できないじゃないですか。それを売るしかないわけですよね。だけど、本もそうだしソフトもそうだし音楽もそうだけれども、複製できるものを売っているんだから、「もうそれで十分なんじゃないの」という感じがする。音訳すると同一性が損なわれるから音訳することを許諾しないなんていう作家がいますが、そんなのは権利の濫用だし、著作権を保護するためにテキストデータを外に出さないようにブロックするのだという発想自体も非常にいじましいというか、エゴイスティックな感じがするんです。

河村　著作権者個人は、たぶん、消費者と対等に議論したときに、それは認めるでしょう。でも、間に著作権者の利益を保護すると称する団体が入ってくるとそうはいかなくなる。自分たちの利益を極限までもっていくというのが、その存在理由だから。

石川　ぼくは自分の作ったソフトに一時プロテクトをかけていたんですが、今はかけていないんです。みんなから同じお金を取るというのは必ずしも正しいとは思わないわけです。お金を持っている人もいれば持っていない人もいるわけでしょう。ほんとうは繊細に考えていくと、あなただったら一〇〇万円出してくださいとか、あなただったらタダでいいですよと言いたいわけです。そうはいかないので、定価を設定しています。で、これはあまり言ってはいけないのですが、どうしても欲しいんだけどお金がないという人だったら、不法コピーをどこかで手に入れてきても、それはもちろん嫌なことなんだけれども、でもしょうがないんじゃないかという気持ちがどこかにあって、徹底してプロテクトをかけて守るということに対して躊躇を覚えるわけです。

河村　ディファレンシャル・プライシングという考え方がもともとあるでしょう。いちばん言われるのは、パン何食分という基準で測って、アメリカだったらパンの一〇食分。「同じパンの一〇食分がアフリカだったらいくらだから、じゃあ、いくらだ」というようなディファレンシャルなプライシングができればいいんじゃないかという議論はよくあるよね。

石川　南アフリカの製薬会社がエイズ治療薬の輸入をめぐって、アメリカの製薬会社が二年ほど前に特許権侵害を理由に訴訟を起こしましたよね。インドやブラジルの製薬会社がコピー薬を生産して安く売ったんですね。いまは少し値段が安くなったそうですが、二年前は、オリジナル薬を使おうと思えば、年間の薬代が一万二〇〇〇ドルぐらいになったんです。なぜそんなに高いのかといえば、高額の特許料が含まれているからです。インドなどの製薬会社が作っているコピー薬ならずっと安く買えます。特許料が入っていないから安いんですが。アメリカの製薬会社は、知的所有権、薬の特許権を侵害していると、南アフリカ政府にエイズ・コピー薬の輸入差し止めを迫りました。

でも、薬が安ければ、何百万人の命が救われるわけですね。もちろん新薬を作るには膨大な資金がいりますし、開発費を回収しなければならないというのも理解できます。でもですね、新しい技術や研究の成果は誰もが享受できるべきなんです。特に人の命にかかわる分野では。特許権は乱用されるべきではないんです。

さいわい最近になって、OXFAMなどの国際NGOや途上国ががんばって、WTOでの激しい攻防の末、途上国向けの治療薬に限り知的財産権保護を緩和するという合意が成立し、途上国はエイズ、マラリア、結核など感染症治療薬のコピー薬を安価に輸入できることになりました。IT分野でもこういうがんばりが大切だと思います。

功利主義は自由主義を裏切る

「私が働いて生産したもの、収穫したもの、実現した価値は私のものである」という自己主張はいまや誰が考えても正しいように思われる。だが、このことが実現しない社会はいくらでもある。生産した物が地主のものであったり、家長のものであったりする社会はざらにある。

「私の作ったものは私のものだ」という主張は、そうした社会では私の自由を広げる思想となる。日々の苦しい労働に耐え、勤勉に励み、価値ある物を生産し収穫した者には、それを自分の私有財産とする権利があるとともに、その財の使用、売却、譲渡、貸与などの処分の一切にかかわる意思決定権があり、さらには生産した価値に見合う正当な評価を得る権利があるというのは、それが常識となっていないあいだは、自由を広げる抵抗である。

この自由主義、あるいは私的所有の正当性を補強しようとして、功利主義がしばしば持ち出される。功利主義による私的所有の正当化の論理は次のような形をとる。

——通常能力や才能は移動できない。能力と才能はその持ち主のもとに置くしかない。それを前提にすれば、その者を働かせるしかない。能力を使わせ生産させる。生産した物はその者のものとして、所有を認める。生産された物は市場に持ち込まれる。生産物は市場を通して社会に環流する。社会全体としてみると、労働、達成、生産が報われる仕組みを作り、生産者に生産物の所有を認めるほうが、生産性は質量ともに上がる。

だが、じつは功利主義は、自由主義、私的所有を正当化する論理ではない。この原理はじつは恐ろしい。能力はないが資源はあるという人は資源を奪われる。Aは働いてもたかが知れているとされる。Aの所有権は踏みにじられる。Aのもとにあった資源は取り上げられ、より有能な人Bに与えられる。一方能力のある人Bには資源が集中する。これを使ってもっと生産してくれと頼まれる。

功利主義は、有能なものを優遇する論理である。だから、功利主義は最も有能な人には自由主義よりずっと有利な帰結をもたらす。だが、もっと有能な者が現れたら、それまで優遇されていた者も冷遇される。だから誰の自由もじつは尊重されない。

この原理に比べれば、自由主義は平等主義的といえる。効率の悪い生産者、働きの悪い労働者も働く自由があり、働いて得たものを所有し、所有した物を自由に処分することができ、しかも生産した物の価値に応じて、働いた者は評価され、ねぎらわれるからだ。

自由主義に乗れない人

しかし、自由主義は、働けない人、市場で売れる物を持たない人には厳しいシステムである。このシステムでは働けない人、市場で売れる物を持たない人は生きていくことができない。だから自由主義を基調とする社会における障害者運動の歴史は、「財と意思決定と存在価値」の分配システムの変更要求の歴史となる。

まず、社会的障壁を除去することで障害のある人々も働けるのだと主張される。障害者のなかにも潜在的能力の高い人々が多数おり、社会のあり方を少しばかり手直しすることは、社会にとっても得なのだという説得もなされる。ここでも功利主義的な正当化が顔を出していることに注意しよう。ほんとうはそんなことが言いたいのではないのに、こういう言い方になってしまうのは、先の私的所有の正当化の場合と同じだ。

しかし、功利主義を用いる限界は最初から目に見えている。だから同時に、「それでも働けない者はおり、その人々への財の分配、自己決定権の尊重、存在価値の承認が大切なのだ」という主張も、同時になされる。

だが、今のところ働けている人にとってこの主張は厚かましいと感じられる。福祉国家はすでにそうしたことをおこなっているではないか。すでにわれわれは十分負担しているし配慮しているのだ、と。だが、なぜこうした怒りをこの主張は誘発するのだろうか。

一人ひとりに与えられた身体、能力、才能、環境、障害、病いは、良くも悪くも、それぞれに配られた〝手札〟であり、その配り直しはできないというゲームのルールを信じているからではないだろうか。初期値にクレームを付けた者にだけ配慮が与えられるなら、文句を言った者勝ちではないか、それなら私だって文句はあるのだというわけだ。

もっと冷静で、おそらく誠実な反論もある。そうやって初期値にみんなが文句を言い、結果の平等を要求するとどうなるか。働いて収入を得ても、ほとんど納税しなければならないとしたら、働く気にもならないかもしれない。それでは働けない人は今より困ることにもなりかねない。だから働けない人々の要求は、人間の欲望の関数に従わざるをえない。人が、働いても報われないと働かないとしたら、あるいは報われるときほどは働かないとしたら、完全平等分配を求めるのは諦めるべきである。

おそらくそうだろう。

だがそれは、今のままが正しいということの論証にはなっていない。

できないことへの自己決定

さらに考えてみる。

あなたが道を急いでいると、電動車椅子の男性がチラシをまいているのに出くわしたとする。おおかたカンパを頼むとか、介助者を探しているとか、どうせそういう話だろうと思う。受け取ってすぐにごみ箱に捨てるべきか、最初から無視するべきか、それともチラシを読むだけは読むべきか、などと思う。

なんとなくチラシを受け取って読んでみると、筋ジスで二四時間介助が必要だと書いてある。一日の介助は、「昼」（午前一一時〜午後六時）と「夜」（午後六時〜九時）が一人ずつ、「泊まり」（午後九時〜翌朝一一時）が二人の、合計四人による三交代制でおこなわれているのだという。月延べ一二〇人、年間延べ一四六〇人もの介助者が必要なのかと、思わず計算してみる。

通常、自己決定は、本人が自分でできること、自分が持っているものに対して行使される自由をいう。この考えを厳格に主張する立場から容認されないのは、他者に危害を加えるような自己決定だけであり、売春する自由、自殺する自由、アルコール依存になる自由、薬物依存になる自由、ギャンブルで自己破産する自由、奈落に落ちる自由であっても容認される。

しかし自己決定は、われわれが考えている範囲を超えて尊重されなければならないのではないだろうか。自分ではできないことへの自己決定、自分が持っていないものへの自己決定も、ときには尊重されなければならないのではないだろうか。そうでないと、けっきょく、できる人、持っている人しか自己決定できないということになる。できない人、持たない人には自由がないということになる。

自分でできないことまで含む自己決定を尊重するとは、他者の側にその自己決定を積極的に支え、実現する責任が生じることを意味する。しかし、われわれの社会は、通常そうした自己決定は自己決定とは認めない。助ける側に、支えるかどうか、助けるかどうか、手を貸すかどうかの自己決定権があるとしておきたいと多くの人は思う。与える自由はあるが、受け取る自由はない。支える自由はあるが、支えを求める自由はないとしておきたい。

この国は、生活保護を受ける人には海外旅行を楽しむ自由はないという。どうしても行くなら、その分生活保護費を削減するという。なぜ働けないがゆえに生活保護を受けている人は海外への旅行はしてはならないのか。なぜ大きな冷蔵庫を持っていてはいけないのか。車を保有していてはいけないのか。それらはなぜ、ぜいたくだとされるのか。私にはその理屈がどうしても理解できない。

しかし、生活保護の仕組みでは、それが当然のこととして通用している。それでは、できない人、持たない人は、ほとんど自由に生きられないではないか。できる人には支える義務が、できない人には支えを求める権利があるとする倫理、法を社会はもつべきではないか、「自由の平等」が実現されるべきではないか、そう考える人々がいる。私もそう思う。

立ち入らず、立ち去らず

人の自己決定を積極的に支える社会といっても、そのあり方はさまざまありうる。それを家族の範囲内に限定する社会ならわれわれもよく知っている。それに反対して、他者を支える義務は国家が主として負うべきだとする主張が、家族の過度な負担に反対する立場から示される。しかし、国家はいうまでもなく、支える力のあるアクターは、個人であろうと企業であろうとＮＰＯであろうと「人の自己決定を支える義務がある」とすべきではないか。

川本隆史は、「相手の自己決定の権利を尊重するという趣旨で、「立ち入らず」。困難をかかえている他者を見捨てない義務を負っているという意味で、「立ち去らず」」という言葉を用いている。自己決定の積極的尊重の意味をこれほど素敵に表現した言葉も少ないだろう。

またマイケル・イグナティエフは分配される財やサービスの量だけが問題なのではなく、ソーシャルワーカーやホームヘルパーや医療サービスの提供者が、財の分配を受ける人に尊敬と敬意を払うかどうかが決定的に重要なのだという。

貧しい高齢者に年金を給付し医療介護を提供することはかれらが自尊心と尊厳を保つうえでの必要条件であるが、十分条件ではないだろう。重要なのは、そうした給付がなされる際のマナーであり、そうした給付の道徳的根拠なのだ。

［イグナティエフ 1984/1999：25］

しかし、「自己決定の積極的尊重」という倫理を受け入れると、人はまったく忙しくなる。いわば誰もが主婦の忙しさを共有することになる。他にしたいこと、しなければならないことがあってもそれを中断して、他者の自己決定を支えることを優先しなければならない場合がある。いや、主婦はまだしも自分の家族の範囲の自己決定に対応すればよいのだが、ここで提案されているような自己決定の拡張を認めると、一つの身体に無数の人々の自己決定が向けられるということも考えられる。あるいは一人の自己決定を支えるには、膨大な数の身体を動かす必要が生じることもありうる。

それらの自己決定のどれを尊重し、どれは後回しにし、どれは断ってよいのか、それを決めるのは至難の業である。だが困難ではあっても、複雑ではあっても、自己決定権を正しく拡張していかなければならない。自分の都合を優先し、他者の自己決定は後回しにするというのではなく、より緊急性の高い自己決定、より切実な自己決定を優先するのである。

だが、緊急性や切実さを、誰の価値判断にもとづいて決めればよいのか。どの自己決定も、自分にとっては、それがもっとも緊急かつ重要な自己決定なのだから、それぞれの価値判断に依拠しつつ、緊急性や切実さを比較することはできない。自由の平等を正しくおこなうのはだから非常にむずかしい。考えれば考えるほどむずかしい。

「効用の平等」は破綻する

けっきょく人の自己決定を積極的に尊重しようという場合に問題になるのは、優先順位である。資源が有限である以上、誰のどのような自己決定を優先して実現するのが平等なのかを決めなければならない。

倫理哲学者らによるとても難解な議論があるが、それらを紹介するのはやめて、ここでは私見を述べる。

人が同じだけ満足できるように財・手段の配分をおこなうのが平等なのだという考え方、つまり「効用、満足、幸せの平等」という考え方がある。この考え方は次のような状況を考えると筋が通っている。

AもBも同じように喉が乾いているとする。Aは自分でコップ一杯の水を飲んですでに喉の乾きを潤したが、Bはそれができないとする。効用の平等という原則からすれば、Bの、コップ一杯の水を飲みたいという要求は、なにをおいても、どれだけ費用がかかろうとも実現されるべきだとなる。それで初めて二人は同じ満足を得ることができるからだ。あなたがAであり傍らにBがいるのだとすれば、あなたには水を汲んでBに与える義務があるとこの原則はあなたに要求する。

この原則でほぼうまくいくようにも思える。だがこの原則に忠実に従えば、つつましい嗜好の持ち主よりぜいたくな嗜好の持ち主に多くの資源を分配しなければならなくなるが、それでよいか。

たとえばAもBもワインを飲みたいとする。Aはどんなワインでもいいといい、Bはシャトー・マルゴーの九五年か八九年がいいという。Aはワインの初心者で安いワインでも十分楽しめるが、Bはワイン通でもはやそこらの安ワインではまずくて飲めないのだとする。Aにとっての安ワインによる満足と

Bのボルドーの高級赤ワインによる満足は同じだとしよう。この場合も両者の要求は等しく扱われるべきだろうか。

おそらくそうではないだろう。やはり水とワインは違う。ワインのような嗜好品では、効用の平等を杓子定規に守ろうとするとかえって不平等が帰結する。しかも、つつましい人が効用を過大申告したり、ぜいたくな人が効用を過小申告しても、過小とか過大と判断することができないという問題もある。

水を飲みたいというような切実なニーズについては効用の平等でも話はうまくいく。しかし、生きていくうえでの切実なニーズは人によって大きく異なることはないので、「効用」というような主観的な概念をあえて持ち出す意味はない。むしろ効用は嗜好の「違い」に対応するためにこそ提案されていると解釈すべきだろう。だが、ぜいたくな嗜好とつつましい嗜好を前にして立ち往生してしまう。

だから私は、効用主義の立場は採らない。そもそも社会は、「多様」な他者を厳密に「等しく」尊重することは不可能だ。だが、ここまでだったらできるということはあるはずだ。それでみな満足すべきではないかと考える。

私の考えはこうだ。多様な身体をもつ人々が、切実なニーズとともに多彩かつ平均的な嗜好をもつときに不平等が生じないように配慮する。これを「効用の平等」に対して「配慮の平等」と呼ぶことにする。以下簡潔に説明する。

切実なニーズと特殊な嗜好

まず切実なニーズへの配慮は絶対である。それがないと人は生きていけない。「絶対」というのは、実現するための費用の違いを考慮すべきでないという意味だということはいうまでもない。

世の中には多様な身体をもつ人がいる。身体の多様性に対する配慮も絶対であり、どんな少数者も切り捨ててはならない。これを絶対的とするのは、身体の特性は変更不可能だからだ。

また世の中には多彩な嗜好をもつ人がいる。ワインに趣味のある人、旅行好きの人、登山家、映画ファン、音楽愛好家、読書家など人の嗜好は多彩である。この嗜好の多彩さ、嗜好の種類の多様性に対しても極力配慮すべきである。なぜならそれは生活の質を構成する重要な要素だからである。ただしあまりに特殊な嗜好であって、その嗜好への配慮が過度な負担となる場合は社会的配慮の対象から外さざるをえない。

一方個々の嗜好の種類のなかでの多様性についてはむしろ配慮すべきではない。つまり、ぜいたくな嗜好は尊重しなくてもよく、つつましい嗜好に対しては、遠慮はいらないといえばよい。

「切実なニーズ」と「嗜好」の線引きは人々の常識からボトムアップ式に抽出すればよい。というかそれしかできない。嗜好の多彩さを構成する「嗜好集合」の要素をどう抽出するかはみなで話し合って決めるしかない。その際には、提案された嗜好のそれぞれが、あまりに特殊かつ費用のかかる嗜好でないかどうかの選別をおこなわなければならない。穏当な考え方だし、明快だと思うが、もう少し説明を付け加える。

たとえばAとBには全身性障害があり、CとDはいわゆる健常者であるとする。AとCの嗜好は多彩だが平均的であり、特別つつましくもぜいたくでもない。どうしてもエベレストに登りたいという嗜好はない。どうしても海外でぼけっとしたいという嗜好もない。一方BとDは、やはり多彩な嗜好をもっており、それらのほとんどは平均的なものだが、じつは一つだけ特殊な嗜好がある。そう、エベレスト登頂への癒しがたい憧憬である。

Cは自分の収入で切実なニーズを満たしつつ、自分の嗜好のなかからいくつかを選び、それらを満足させているとしよう。Dは自分のお金でエベレスト登山を実現しているとしよう。この場合AもBも、Cと同じことができるようにするのが配慮の平等である。そのためにはどうすればよいか。

AとBは目下のところ働けないとしよう。まずAとBの所得保障を充実させ、CやDの所得にできるだけ近づける努力をする。CとDはなにほどか拠出しなければならない。だが拠出が大きすぎると不満に思うのはしかたのないことだ。そこで話し合ってお互いに納得できる額の拠出を模索することになる。

それから、AとBの切実なニーズや多彩かつ平均的な嗜好を満たすような財やサービスの社会的供給を実現する。ただしBの特殊な嗜好は除外する。市場原理だけでは供給されないような財については、公的セクターがなんらかのテコ入れをおこなう。たとえ市場において供給がなされたとしても、AやBが必要とする道具は価格が割高になりがちなので、公的助成をおこなって価格差を埋める努力をする。社会の種々のインフラをバリアフリーにして選択の自由を広げるのはいうまでもない。

おこなうべきことは無数にあるが、このようにしていくことが自己決定の積極的尊重だと考えてはどうか。私たちは繊細に、丁寧に人の自己決定に耳を傾けるべきではないだろうか。そのための方法を工夫すべきではないだろうか。

繰り返そう。財源はどうしたところで有限であり、できることには限りがあるから、衣食住を保障するのが最優先となる。情報、施設設備、交通システムへのアクセスを保障すること、働く自由を保障することも、高い優先度を与えるべき事柄である。

そして、働けない人だけが不自由なのではない。月に二〇〇時間働いても、手取りが二〇万ほどにしかならない仕事はざらにある。もしその収入で家族を養っていかなければならないとしたら、そしてその労働がつらいものだとしたら、その人は自由といえるだろうか。もし十分自由でないとしたら、そのような人たちの自由を増やす工夫も考えなければならない。

多数派はすでに配慮をされているのだ

「配慮の平等」という理念をもう少し敷衍する。

「配慮を必要としない多くの人々と、特別な配慮を必要とする少数の人々がいる」という強固な固定観念がある。しかし、「すでに配慮されている人々と、いまだ配慮されていない人々がいる」というのが正しい見方である。多数者への配慮は当然のこととされ、配慮とはいわれない。対照的に、少数者への配慮は特別なこととして可視化される。

たとえば、階段とスロープを比較してみよう。なぜ階段は配慮でなくスロープは配慮なのか。試しに階段を壊してみればよい。階段がなくても二階に上がれるのは、ロッククライマーと棒高跳びの選手ぐらいのものだ。だったら階段だって配慮ではないか。

講演では、講演者はレジュメを用意するように求められる。分野によってはスライドを見せるのが常識となっている。かくいう私も情報系の講演ではつねにパソコンでスライドを見せる。これらもまた配慮なのだが、それをしないと受講者は手抜きと感じる。一方聴覚障害者のために要約筆記や手話通訳を用意するシンポジウムや講演会は、きわめて例外的である。点字のレジュメが配られることも同様にきわめて例外的だ。

だが、それらが提供されれば、障害者に配慮しているセミナーだと、一般の受講者は感心したりする。これは論理的にはおかしなことだが、不思議だと思う人はほとんどいない。自分への配慮は当然のことであり配慮とは思わないが、他者への配慮は特別なことと感じてしまう。そして、その非対称性に気づかない。

市場を通して提供される配慮は、ユーザビリティと呼ばれサービスと呼ばれ、けっして配慮とはいわれない。一方、市場に任せておいても提供されない配慮は、公的セクターにより部分的に提供され、残りは人々の善意や優しさに期待がかけられる。

いずれにせよ、それらは特別な配慮とされる。市場は、非良心的な行動が褒美を受け、良心的に仕事をすると経済的に破滅するメカニズムだというのに、人々は市場メカニズムが作動して実現したことは「当然のこと」とみなし、公的セクターやNPOなどにより実現したことは「特別なこと」「善意の証」と考える。奇妙なことだが多くの人々はこの枠組みを疑わないし、市場のそうした性質に気づかないか、気づいてもやむをえないとしか言わない。

さらにはこうも言うことができる。多数者ほど配慮され、少数者ほど配慮されないというだけでなく、「できる人ほど配慮され、できない人ほど配慮されない」、あるいは「強い人ほど配慮され、弱い人ほど配慮されない」と。さらにこういうことにも気づく。「強い立場にある人ほど配慮を要求でき、弱い立場の人ほど配慮を提供しなければならない」。

「すでに配慮されている人々と、まだ配慮されていない人々がいる」という視点を獲得したときに、平等についてのセンスは一気によくなる。

私は、誰もが、そこそこ元気に、自由に、つつがなく暮らせる社会がいちばん良い社会だと思う。ハイリスク・ハイリターンの人生が好きだという人もいるだろう。もちろん安心して暮らせる社会でもそのような生き方は可能だ。エベレスト登山でもヨットでの世界一周でも、できる人、やりたい人は自由にやってもらってかまわない。そしてお好み通り、それはぜいたくな嗜好として配慮の平等の外に置かれることになるだろう。

人生は一回しかないのだから、大方の人は私の主張に賛同してくれると思う。「誰もがそこそこつつがなく暮らせる社会」という社会のあり方は理にかなっているはずだ。もしそうなら、あとはそのための方法を、みなで知恵を出し合って考えればよいだけのことである。

終章
「1型の障害者」と言いたいのはやまやまだが

1 「名付け」と「名乗り」のポリティクス

主体が言説的に構成されるとき、その言説のなかで同時に他者もまた構成される。私が、私とはこういう者だと何も考えずに自由に名乗ることができるとすれば、他者をも勝手に名付けることができるということだ。誰もがその主体の名乗りを承認するということは、その名乗りが暗に想定している他者の名付けもまた、なんの疑問ももたれずに受け入れられていることを意味する。

一方に私が何者であるかを自由に決定できる人々がいる。他方に、私が何者であるかを自由に選択できない人々がいる。彼／彼女らは、他者から、いついかなる文脈においても、勝手に何者であるかを押しつけられる。

あなたが言語的マイノリティという意味を込めて「私はろう者である」と名乗っても、「あなたは聴覚障害者でしょ」とすかさず名付けかえされるとすれば、あなたはこの社会で自由に名乗ることができない位置にあることを意味する。

そこで、名乗りのポリティクスが立ちあがる。

1　Xという名付けに込められた、欠損・無能力・劣位性などの意味の押しつけを拒みつつ、Xと名乗る戦略

**1 *α*　**Xと名付けられた人のあり方を積極的に肯定し、それを誇りとする。

＝Xという肯定的アイデンティティを立ち上げ、Xというポジションを引き受ける。

1β　Xに込められた否定を拒絶する身振りとしてXと名乗るが、Xであることを誇りとはしない。＝Xというアイデンティティは立ち上げずに、Xというポジションを引き受ける。当事者性を引き受けるためにXを名乗る。

2　Xという名付けに込められた、欠損・無能力・劣位性などの意味の押しつけを拒んで、新たにAと名乗る戦略

2α　Aと名乗り、Aであることを誇りとする。＝Aというアイデンティティを立ち上げ、Aというポジションを引き受ける。

2β　Xに込められた否定を拒絶する身振りとしてAと名乗るが、Aであることを誇りとはしない。＝Aというアイデンティティは立ち上げずに、Aというポジションを引き受ける。「Xという名付けもそしてAという名付けも本来無意味なものなのだが、あなたが私をXと呼ぶのなら、私はさしあたりAと名乗ることにしよう」という身振りを示す。

3　Xという名付けを拒んでAと名乗ったが、再びXと名乗り、Xという名付けに込められた、欠損・無能力・劣位性などの意味の押しつけを拒む戦略

3α　Xというポジションを引き受けつつ、かつてのXを名乗り、Xであることを誇りとする。＝Xというアイデンティティを立ち上げ、Xというポジションを引き受ける。

3β　Xに込められた否定を拒絶する身振りとしてXと名乗るが、Xであることを誇りとはしない。＝Xというアイデンティティは立ち上げずに、Xというポジションを引き受ける。当事者性を引き受けるためにXを名乗る。「Xという名付けは本来無意味なものだということを示すために、私はあえてAと名乗るのをやめてかつてのXを名乗っているのだ」という身振りを示す。

2 アイデンティティを立ち上げずにポジションを引き受ける

いかに名乗るか

いくつか注釈が必要だ。これらすべてに共通するのは、いかにして名付けに込められた否定性をすり抜けつつ、拒みつつ、胸を張って、あるいは楽しげに名乗るかということである。未診断のまま大人になり、やがて「アスペルガー症候群」と診断されてようやく「パズルのピースがはまったようだ」「名前があったのか！」と喜んだ体験を分析したニキリンコの説明がわかりやすい。

ニキは「故意に手を抜く健常者からそれなりにがんばってきた障害者へ、ダサい健常者から自閉者としてはこれが普通への変更」は、「所属先、帰属意識の獲得であり、身の丈に合い、実感に添った自己像を新たに形成するきっかけ」となるのであって、「このような変更を願うのはいたって普通のことであり、歪んだ自己愛でもなければ、マゾヒズムでもない」と述べる。

「なぜ自分から障害者になりたがるのか」という問いの陰には、「『障害者』というレッテルは誰にとっても、常にマイナスのものであるはず」という素朴な前提がある。実際には、社会的に「障害者」としての承認を求めることは、けっして「障害者」というレッテルに付随する蔑視を自ら求めることでもなければ、肯定することでもないのに、先の疑問はこの二つを区別せず、あ

1 Xを名乗る

1α アイデンティティを立ち上げる　**1β** アイデンティティを立ち上げない

2 XでなくAを名乗る

2α アイデンティティを立ち上げる　**2β** アイデンティティを立ち上げない

3 Aでなく再びXを名乗る

3α アイデンティティを立ち上げる　**3β** アイデンティティを立ち上げない

たかも診断を求める者が自ら蔑視を求めているかのような印象を作り出しており、無意識なら不注意、意図的なら卑怯である。

［ニキリンコ 2002：201］

次に個々について。

2αと**2β**の例としてすぐに思いつくのは「ADHD」とか「高機能自閉」とか「読字障害」とか「統合失調症」などである。**3α**と**3β**の例としては「ろう者」や「盲人」がすぐに浮かぶ。かつて「聾者」と呼ばれた人々は、いったん「聴覚障害者」と名乗りかえしたのち、再び「ろう者」（仮名になっていることに注意してほしい）を名乗るようになっている。ろう者ほどではないが、視覚障害者のなかでも意図的にみずからを「盲人」と名乗る人々がいる。

1αと**2α**と**3α**は本質主義といわれることがあり、**1β**と**2β**と**3β**は脱構築と呼ばれることがある。とはいえ、「私は**α**ではなく、**β**なのだ」、アイデンティティを立ち上げずに、ポジションを自覚する立場なのだということを人に伝えるのはおそろしくむずかしい。

たいてい人はβをαと解釈する。というよりβを理解していない。

「幻聴さん」は、私とともに生きる他者である

一つたいへん興味深い事例がある。やはり「べてるの家」だ。べてるの家では幻聴を巧みな方法で外在化している。

医療の場では、幻聴や幻覚は病気の症状であり、治すべきものであり、極力出ないように薬の力で抑えようとする。しかし、すべての人の幻聴、幻覚が薬の力で消えるわけではない。ずっとつきあっていかなければならないことも少なくない。ところが幻聴はつねにつらいものではないという。

> 孤独で、将来に希望のないなかで聞く幻聴は、おしなべて「死ね」とか「馬鹿」とか、とにかく嫌なことを言ってくる。ところが、不思議なことに仲間が増え、人とのコミュニケーションが豊かになると、幻聴にも愛嬌が出てきたりする。
>
> [浦河べてるの家 2002：101]

べてるの家ではやがて「誰が言うともなく、幻聴は親しみを込めて「幻聴さん」と呼ばれるようになっていった。

> ぼくはお金もないし、浦河はそんなに遊ぶところもないし、とにかく暇なんです。そんなとき幻聴さんはぼくの遊び友達だし、話し相手でもあるんです。だから、いい薬はつくってもらいたいのですが、ぼくの幻聴さんだけはなくする薬はなるべくつくらないでほしいんですけど……。
>
> [浦河べてるの家 2002：102]

「幻聴さん」がいるおかげで他者とのコミュニケーションがうまくいくという。「「幻聴さんは元気ですか」と周囲から声をかけられたり、質問されたり、答えに窮したとき幻聴さんが答えをくれるので、ぼくはそれを真似して言う場合が多い」という。

世界を「私」、「私のもの」、「他者」に分割してみる。

手足や臓器は「私のもの」なのか、それとも「私」なのか。感情はどうか。幻聴や幻覚はどうか。事故で手や足を切断しても私が私でなくなるわけではない。臓器の一部はいまや私から切り離すことができる。貧困にあえぐ第三世界には腎臓や肝臓を売買する闇市場すらあるという。一方感情は私の体験であり、幻聴や幻覚も同じだ。私から切り離すことが原理的にあるいは技術的に可能なものは「私のもの」と思うことが可能だが、意識や体験や現象や記憶は「私」を構成していると考えるのが常識である。

べてるの家はその常識をいとも簡単に破って、幻聴を「幻聴さん」と呼ぶ。他人が耳元でささやいているという体験を「幻聴」という病的な体験として治療の対象とだけみなす医療モデルをあっさりすり抜けて、他者化して「幻聴さん」と呼ぶ発想は斬新だ。「幻聴さん」は他人でなく、「私の他者化」であることに注目すべきだ。

繰り返そう。

患者は幻聴を「他人の声」と言い張ってきた。だが、医療も常識もそんな他人の存在は認めず、幻聴を病いの症状とみなす。患者の訴えは妥当性がないとされる。まったくの平行線だ。だから医療も常識も力づくで患者の幻聴を消そうとする。

だが、「幻聴さん」がいる、と言われれば、話は別だ。これなら腑に落ちる人はずっと増える。しかも、患者は病者アイデンティティを立ちあげなくてもよい。しかも幻聴が「幻聴さん」になっても、あかの他人になるわけではない。ずっと「幻聴さん」とつきあっていかなければならない。つまり「幻聴さん」は私とともに生きる他者なのだ。この他者と良い関係を作っていくことが、他人と良い関係でつきあっていくことにつながり、他人と良い関係を作っていくことが「幻聴さん」と良い関係を作っていくことにつながる。

一般に、身体は私であり、差し引くことはできないという感覚は、「身体は個性」であるという身体の価値づけ、ひいては自己の価値づけという作業にとってより都合がよい。一方、身体をつきあっていく「他者」とする感覚は、そうした価値づけを不要とする、あるいはワナと見なす思想とつながりがある。そしてアイデンティティを立ち上げないタイプの抵抗とつながっていく。

幻聴や幻覚を、自分の「個性」として肯定し、受け入れていくというのがいわば、αのアイデンティティを立ちあげる生き方だとすれば、「幻聴さん」のように他者化して、その他者とつきあっていこうとするのは、βのアイデンティティを立ちあげない生き方である。

アイデンティティを立ち上げない生き方

ところで私は最近は、αのようなアイデンティティの立ち上げより、βのアイデンティティからの自由を好む。これは半ばは趣味の問題であり、αがいけないと言いたいわけではない。αが必要な局面があることも確かだ。ただ一つ注意を要するのは、とくに2αの「Aアイデンティティ」の立ち上げである。

Xと呼ばれている人のうち、ある特別な条件を満たす人々——当然自分もその条件を満たしているわけだが——だけを差異化し、Aを名乗る場合は、Xという名付けへの抵抗とはならない。なぜか。私は

Xではなく Aなのだというのは、私と、私と同じ特別な条件を満たす人だけを救済する戦略だからである。それ以外の人々へのXという名付けはそのままにして自分たちだけ救済しようとすることには限界がある。場合によっては加害性を自覚しなければならないことですらある。

その意味で私は、引き合いに出して申し訳ないが、たとえば「高機能自閉」という名乗りにはいくらか違和感がある。私にはそれは暗に「低機能自閉」の存在を認めているようにも聞こえるからだ。

そんなこと、どっちでもいいのだ、とクールにいう医者もいるだろう。実体は同じであり、それに付けるラベルなどなんでもいいのだというわけだ。だが薬品につける名前と人の病いや障害に付ける名前はまったく別だ。薬は名乗らないが、人は名乗らなければならない。

こう言ってわからない人はいくら言ってもわからない。

*

私は、自分にも他者にも、次のような感覚を期待する。あなたは糖尿病患者だとしよう。あなたは、糖尿病という名付けに暗に込められた「自分をコントロールできない快楽主義的な人間」というレッテルを嫌って、私は「1型」の糖尿病だ、と名乗りかえすということを考えてみる。

糖尿病には、1型と2型があり、1型の糖尿病の患者は全患者の三%以下で、発症は二五歳以下の若年者に多く、暴飲暴食などの生活習慣によって発症するわけでも先天性の病気でもなく、主に自己免疫によって起こる病気であり、自分の体のリンパ球があやまって内乱を起こし、自分自身のインスリン工場、膵臓のランゲルハンス島β細胞の大部分を破壊してしまうことで発病する、ということをあなたは主張したい。さらには、インスリン注射を欠くとただちに生命に危険が及ぶ危険な病気だということも言いたい。ようするに「この病気は私が悪いのではない。しかも、つねに死の恐怖とつきあっているのだ」と言いたいのだとする。

だが、そこでふと疑問が生じる。では2型の糖尿病は世間の人々が思う通りの病気なのか。つまり自業自得の病いなのか。自分の食欲やアルコールへの欲望をコントロールできない弱い人間がかかる病気だという通念をあなたはそのままにして、「私はそうではない、私は自分の病気の被害者であって加害者ではけっしてない」と主張することにためらいを感じる。

2型の糖尿病にしても、遺伝にもとづく膵臓のインスリン分泌不足とインスリンの作用不足の結果発症するのであって、同じ生活習慣であっても糖尿病になる人とならない人がいることは忘れられがちである。つまり、糖尿病患者は糖尿病になったために、だらしない人間とみなされてしまう。

これはフェアではないとあなたは思う。そしてあなたは、自分の名乗りは、それへの抵抗とはならず、それどころか社会の糖尿病の通念を下支えしてしまうことに不快を感じる。私はそのようなあなたと同じ感覚をもちたいと思う。

とはいえ、私はおよそ三〇年のあいだ、能力にすがる存在証明に躍起になってきた。だから私にはまだあなたのような感覚が十分育っていないことを認めなければならない。

ずっと私は「できる障害者」という「1型」の身振りを示してきたのかもしれない。だがその一方で、気がつけば、自分のなかにいつのまにか「住めば都」という感覚が芽生え、ゆっくりと成長している。存在証明のゲームに熱中しながらも、多少の余裕をもつ自分がいる。「存在証明人間」というアイデンティティからは自由になって、存在証明で遊ぶ感覚といってもよい。内発的義務というのもなかなかにおもしろいと最近は思う。内発的義務系の役割をちょっとだけかじってみると、これはこれでけっこう充実感がある。だが内発的義務というのは、私の場合は口に出したらおしまいだ。口に出したら存在証明に逆戻りになってしまう。それでは内発的義務を引き受ける充実感は味わえない。

だから「存在証明から内発的義務へ」というスローガンを掲げるわけにはいかない。存在証明に躍起になるということを表明しても自慢にはならないが、「内発的義務で仕事をします」と言えば、言い方にもよるが、あるいは誰が言うかにもよるが、少なくとも私が言っても誰も信じてはくれないし、自己宣伝と受け取られるのが必定だ。

「存在証明」と言うのは私にとっては自分の手の内を明かす自己開示である。私はこれからも、よそゆきの自分を見せる身振りを十分には示しえずに、脱社交的な関係に期待しつつ、他者とかかわることになるだろう。

参考文献

Ignatieff, Michael. 1986, *The Needs of Strangers*, Penguin USA ＝マイケル・イグナティエフ、添谷育志・金田耕一訳 1999『ニーズ・オブ・ストレンジャーズ』風行社

石川准 1992『アイデンティティ・ゲーム―存在証明の社会学』新評論

石川准 1999『人はなぜ認められたいのか―アイデンティティ依存の社会学』旬報社

石川准 2000「感情管理社会の感情言説―作為的でも自然でもないもの」、『思想』九〇七号、四一-六一頁

石川准 2002「ディスアビリティの削減、インペアメントの変換」、石川准・倉本智明編『障害学の主張』明石書店、一七-四六頁

五木寛之 2002『愛に関する十二章』角川書店

Weber, Max. 1919, *Politik als Beruf* ＝マックス・ウェーバー、脇圭平訳 1980『職業としての政治』岩波書店

浦河べてるの家 2002『べてるの家の「非」援助論―そのままでいいと思えるための二五章』医学書院

Elias, Norbert. 1969, *Über den Prozeß der Zivilisation*, Soziogenetische und Psychogenetische Untersuchungen 2 Bande, Francke Verlag ＝ノルベルト・エリアス、赤井慧爾他訳 1977『文明化の過程・上―ヨーロッパ上流階層の風俗の変遷』、波田節夫他訳 1978『文明化の過程・下―社会の変遷／文明化の理論のための見取図』法政大学出版局

Ende, Michael. 1973, *Momo*, Thienemann Verlag ＝ミヒャエル・エンデ、大島かおり訳 1976『モモ』岩波書店

岡原正幸 1998『ホモ・アフェクトス―感情社会学的に自己表現する』世界思想社

岡真理 2000『彼女の「正しい」名前とは何か―第三世界フェミニズムの思想』青土社

河邑厚徳・グループ現代 2000『エンデの遺言「根源からお金を問うこと」』ＮＨＫ出版

川本隆史 2000「自己決定権と内発的義務―〈生命圏の政治学〉の手前で」、『思想』九〇八号、一五-三三頁

倉本智明 2002「欲望する、〈男〉になる」、石川准・倉本智明編『障害学の主張』明石書店、一一九‐一四四頁
最首悟 1998『星子が居る』世織書房
坂元ひろ子 2000「足のディスコース―纏足・天足・国恥」、『思想』九〇七号、一四五‐一六一頁
坂本龍一・河邑厚徳編著 2002『エンデの警鐘「地域通貨の希望と銀行の未来」』ＮＨＫ出版
Stanislavski, Constantin. 1948, *An Actor Prepares*, Teatre Arts Books＝コンスタンチン・スタニスラフスキー、山田肇訳 1951『俳優修業』創元社
Stallman, Richard M. 2002, *Free Software, Free Society: Selected Essays of Richard M. Stallman*, Free Software Foundation＝リチャード・ストールマン、長尾高弘訳 2003『フリーソフトウェアと自由な社会：Richard M. Stallman エッセイ集』アスキー
Sen, Amartya. 1992, *Inequality Reexamined*, Oxford University Press＝アマルティア・セン、池本幸生・野上裕・佐藤仁訳 1999『不平等の再検討―潜在能力と自由』岩波書店
田崎真也 2000『田崎真也のサービスの極意』大和出版
立岩真也 1997『私的所有論』勁草書房
立岩真也 2001「自由の平等(1)」『思想』九二二号、五四‐八二頁
立岩真也 2001「自由の平等(2)」『思想』九二四号、一〇八‐一三四頁
立岩真也 2001「自由の平等(4)」『思想』九三一号、一〇一‐一二七頁
ニキリンコ 2002「所属変更あるいは汚名返上としての中途診断」、石川准・倉本智明編『障害学の主張』明石書店、一七五‐二二二頁
西村ユミ 2001『語りかける身体―看護ケアの現象学』ゆみる出版
Haggard, Virginia. 1986, *My Life with Chagall: Seven Years of Plenty with the Master As Told by the Woman Who Shared Them*, Donald I Fine＝バージニア・ハガード、黒田亮子訳 1990『シャガールとの日々―語られなかった七年間』西村書店
Hochschild, Arlie Russell. 1983, *The Managed Heart: Commercialization of Human Feeling*, University of California Press＝A・R・ホックシールド、石川准・室伏亜希訳 2000『管理される心―感情が商品になるとき』世界思想社

松浦理英子 1993『葬儀の日』河出書房
山崎正和 2003『社交する人間』中央公論新社
Raymond, Eric S. 2001, *The Cathedral and the Bazaar*, Oreilly and Associates＝エリック・S・レイモンド、山形浩生訳 1999『伽藍とバザール―オープンソース・ソフト Linux マニフェスト』光芒社
Raymond, Eric S. 1998 *Homesteading the Noosphere*, http://cruel.org/freeware/noosphere.pdf＝エリック・S・レイモンド、山形浩生訳 2000「ノウアスフィアの開墾」
Roemer, John E. 1994, *Future for Socialism*, Harvard University Press＝ジョン・E・ローマー、伊藤誠訳 1997『これからの社会主義―市場社会主義の可能性』青木書店
渡辺一史 2003『こんな夜更けにバナナかよ―筋ジス・鹿野靖明とボランティアたち』北海道新聞社

あとがき

メールの送信記録をみると、私が重い重い腰を上げて、本書の最初の一ページを編集者にメールしたのは八月五日である。

メールの本文にはこんなふうに書いている。


白石さん、石川です。

しばらく文章を書いていないので、たどたどしいのですが、下記のようなタッチで書いていくのはどうでしょうか。

意地悪な社会学者っぽい感じです。

ケアと取り組むきまじめで善良な人たちからは拒絶されそうな気もします。


「小社の『ケアをひらく』シリーズに一冊書いてもらえませんか」と編集者の白石正明さんから頼まれたのはたしか一年前のことだった。

「僕がケアについて書けるわけがない、この人は僕を買いかぶっている」と内心思ったが、自分には書く能力がないとは言いたくなくて、じつはすでに何人かの編集者と書く約束をしているが、あいにくどれもまったく進んでいないのだと、自分の体面を繕いつつ断ろうとした。しかし、「お忙しいのはよくわかっていますが、なんとか列の前のほうに割り込ませてもらえませんか」と編集者は人なつっこく笑う。

「まずい、また人を裏切ることになる」。私はそう思いつつも、「善処します」と答えていた。

しばらくして白石さんから「朝日カルチャーセンター連続講座『ケアをひらく』を企画したので、講師を引き受けてほしい」という依頼を受けた。

「ケアの世界はいま、これまでの医療・福祉の狭い枠組みを超えて注目されていて、一方では隣接学問領域に風穴をあけるビジョンとして、もう一方では一般市民の新しい基礎教養として熱い期待がかけられています。この連続講演では、実践と研究の接触面でケアをめぐって興味深い発言をされている方々に、それぞれの位置からケアはどのような姿に見えるのかを語っていただきたいと思っています。ですから、ぜひぜひ」というわけだ。

「僕はなにも発言していないのに」と苦笑しつつ、『ケアをひらく』シリーズで書かせたい人々を、ぜんぶまとめて生け簀に追い込んで、一挙に執筆にかからせようという魂胆だなと思ったが、まあ一回の講義ぐらいならなんとかなるだろう、そう思って引き受けることにした。

朝日カルチャーセンターでの講義の日、「本の打ち合わせをしましょう」といわれて三時間前に住友ビルに到着した私は、編集者と、講義の前にびっしり二時間近く本の企画について話をすることになった。

考えていないことを無理やり考えなければならなくなり、すっかり頭を使ってしまい、私は講義の前にすでに疲労してしまった。そのせいではないのだが、講義は「障害学はおもしろい」という演題だったのに、実際は「障害学はむずかしい」というような話になってしまった。

七月にまた編集者からメールがとどいた。

石川准様

こんにちは。医学書院の白石です。

梅雨もそろそろ明けそうですね。

執筆に本格的に取りかかる準備は整いましたでしょうか。

私にできることがあれば、何でもおっしゃってくださいね。

（梅雨明けを祈ってください、とかではなく）

最後の「梅雨明けを祈ってください、とかではなく」という一文を読んで、私はたぶんこの夏はこの仕事をすることになる、と予感した。

夏休み前の集中講義が終わってしばらくしてから私は冒頭で書いたように、編集者に短い書き出しの文章を送った。

こうして始まった本書は、編集者、研究室のスタッフ、友人、学生、卒業生との社交的なつきあいによって、ケアされつつできていった。

少し書いては編集者やスタッフや友人たちに送り、しつこく感想やコメントを求めた。おもしろいといってもらえると嬉しくなり、また返事をもらいたくて猛烈な勢いで続きを書いた。本来書くことが嫌いでかつ苦手な私だが、この夏はほぼ毎日、一日中原稿を書いていた。

本書には彼らと交わしたメールの一部を掲載したので、私たちの社交の様子は読者にも伝わると思う。と同時に、彼らがバックステージで果たした貢献の大きさもおわかりいただけると思う。編集者が本のなかにこれほど登場するケースは例がないと思うが、それは本書の編集者がでしゃばりだからでなく、著者が頼りなかったからである。一つだけ物知りの読者が抱きそうな誤解を解いておきたい。私は本文において何度か「べてるの家」に言及している。誓っていうが、これは編集者の差し金ではない。いまさらといわれるかもしれないが、私もまた「べてるの家」はすばらしいと思う一人なのだ。いつも始めると夢中になるプログラミングの仕事のように、私の執筆はこうして勢いづいた。こんなことはまったく初めての経験だった。

けっきょく二か月で本書を書き終えた。その間、集中力が切れることはなく、本書は現時点の私のベストエフォートとなった。

心のこもったお世辞をいいながら、私のめんどうをみてくれた編集者の白石さんをはじめとするサービス精神あふれる人々には感謝の気持ちでいっぱいである。

意地悪な社会学者らしく書いてやろうと思って書き出したが、結果的には素直な社会学者へと飼い慣らされてしまったような気もする。やはりつきあう人間が重要なのかもしれない。

本書を書いてみて、私も今日はケアの思想の時代だと確信する。それを「高度に文明化された社会における他者を心地よくすべしという規範」と私は呼んでみた。社交とアシストが大切だということを強調するとともに、それらが破綻するときに感情公共性の幕が開き、脱社交的な関係へと人は引き込まれていくとも書いた。

配慮の平等という考え方が大切なのだと私は率直に語りもした。安心して暮らせる社会でも人は危険を冒すことはできる。だが、危険な社会で人は安心して暮らすことはできない。だから安心して暮らせる社会が良い社会なのだと私は思う。互いを尊重しあい、承認しあうことは口でいうほど簡単ではないが、本書を書きながら、私は、精いっぱい生きている人々へのいとおしさのようなものを感じることができた。

多忙な時間を割いて私との対談を引き受けてくださった旧友の河村宏さん、私信を引用することを快諾してくださった新友の西村ユミさん、ありがとうございました。

最後に、この夏、私との社交につきあってくださった人々の名前をあげて感謝の気持ちを記したい。白石正明さん、池川由華さん、山本佐智子さん、久野朱紀さん、工藤智行さん、その他のみなさん、ありがとうございました。

二〇〇三年十月十日　　障害学会設立を明日にひかえて

石川　准

著者紹介

石川　准（いしかわ・じゅん）
1956年富山県生まれ。16歳のときに網膜剥離で失明。東京大学文学部（社会学科）卒業、同大学院社会学研究科博士課程単位取得退学。現在、静岡県立大学国際関係学部教授。社会学博士。2003年10月に設立された障害学会（Japan Society for Disability Studies）の初代会長を務める。
［社会学における専門分野］アイデンティティ・ポリティクス論、障害学、感情社会学。
［プログラマとしての専門分野］自動点訳ソフト、スクリーンリーダー、エディタ、ウェブブラウザ、メーラーなどのソフトウェア開発。
▶今後の抱負…「いつか海岸でぼけっとしてみたい」
▶主な著訳書…『アイデンティティ・ゲーム』新評論、『即興の文化』訳・新評論、『人はなぜ認められたいのか』旬報社、『障害学への招待』編著・明石書店、『管理される心』共訳・世界思想社、『障害学の主張』編著・明石書店、など。
http://fuji.u-shizuoka-ken.ac.jp/~ishikawa/

シリーズ
ケアをひらく

見えないものと見えるもの――社交とアシストの障害学

発行――――2004年 1月13日 第1版第1刷©
　　　　　2021年12月 1日 第1版第5刷

著者――――石川　准

発行者―――株式会社　医学書院
　　　　　代表取締役　金原　俊
　　　　　〒113-8719　東京都文京区本郷1-28-23
　　　　　電話03-3817-5600（社内案内）

印刷・製本－㈱アイワード

ISBN978-4-260-33313-9

テキストデータ引換券
見えないものと見えるもの

◉本書のテキストデータを提供します。

視覚障害、読字障害、上肢障害などの理由で本書をお読みになれない方には、電子データを提供いたします。

- 200円切手
- 返信用封筒(住所明記)
- 左のテキストデータ引換券(コピー不可)を同封のうえ、下記までお申し込みください。

[宛先]
〒113-8719　東京都文京区本郷1-28-23
医学書院看護出版部
『見えないものと見えるもの』テキストデータ係

シリーズ　ケアをひらく　❶

第73回
毎日出版文化賞受賞!
[企画部門]

ケア学：越境するケアへ●広井良典●2300円●ケアの多様性を一望する———どの学問分野の窓から見ても、〈ケア〉の姿はいつもそのフレームをはみ出している。医学・看護学・社会福祉学・哲学・宗教学・経済・制度等々のタテワリ性をとことん排して〝越境〟しよう。その跳躍力なしにケアの豊かさはとらえられない。刺激に満ちた論考は、時代を境界線引きからクロスオーバーへと導く。

気持ちのいい看護●宮子あずさ●2100円●患者さんが気持ちいいと、看護師も気持ちいい、か?———「これまであえて避けてきた部分に踏み込んで、看護について言語化したい」という著者の意欲作。〈看護を語る〉ブームへの違和感を語り、看護師はなぜ尊大に見えるのかを考察し、専門性志向の底の浅さに思いをめぐらす。夜勤明けの頭で考えた「アケのケア論」!

感情と看護：人とのかかわりを職業とすることの意味●武井麻子●2400円●看護師はなぜ疲れるのか———「巻き込まれずに共感せよ」「怒ってはいけない!」「うんざりするな!!」。看護はなにより感情労働だ。どう感じるべきかが強制され、やがて自分の気持ちさえ見えなくなってくる。隠され、貶められ、ないものとされてきた〈感情〉をキーワードに、「看護とは何か」を縦横に論じた記念碑的論考。

あなたの知らない「家族」：遺された者の口からこぼれ落ちる13の物語●柳原清子●2000円●それはケアだろうか———幼子を亡くした親、夫を亡くした妻、母親を亡くした少女たちは、佇む看護師の前で、やがて「その人」のことを語りはじめる。ためらいがちな口と、傾けられた耳によって紡ぎだされた物語は、語る人を語り、聴く人を語り、誰も知らない家族を語る。

病んだ家族、散乱した室内：援助者にとっての不全感と困惑について●春日武彦●2200円●善意だけでは通用しない———一筋縄ではいかない家族の前で、われわれ援助者は何を頼りに仕事をすればいいのか。罪悪感や無力感にとらわれないためには、どんな「覚悟とテクニック」が必要なのか。空疎な建前論や偽善めいた原則論の一切を排し、「ああ、そうだったのか」と腑に落ちる発想に満ちた話題の書。

本シリーズでは、「科学性」「専門性」「主体性」といったことばだけでは語りきれない地点から《ケア》の世界を探ります。

べてるの家の「非」援助論：そのままでいいと思えるための25章●浦河べてるの家●2000円●それで順調！――「幻覚＆妄想大会」「偏見・差別歓迎集会」という珍妙なイベント。「諦めが肝心」「安心してサボれる会社づくり」という脱力系キャッチフレーズ群。それでいて年商1億円、年間見学者2000人。医療福祉領域を超えて圧倒的な注目を浴びる〈べてるの家〉の、右肩下がりの援助論！

物語としてのケア：ナラティヴ・アプローチの世界へ●野口裕二●2200円●「ナラティヴ」の時代へ――「語り」「物語」を意味するナラティヴ。人文科学領域で衝撃を与えつづけているこの言葉は、ついに臨床の風景さえ一変させた。「精神論 vs. 技術論」「主観主義 vs. 客観主義」「ケア vs. キュア」という二項対立の呪縛を超えて、臨床の物語論的転回はどこまで行くのか。

見えないものと見えるもの：社交とアシストの障害学●石川准●2000円●だから障害学はおもしろい――自由と配慮がなければ生きられない。社交とアシストがなければつながらない。社会学者にしてプログラマ、全知にして全盲、強気にして気弱、感情的な合理主義者……〝いつも二つある〟著者が冷静と情熱のあいだで書き下ろした、つながるための障害学。

死と身体：コミュニケーションの磁場●内田 樹●2000円●人間は、死んだ者とも語り合うことができる――〈ことば〉の通じない世界にある「死」と「身体」こそが、人をコミュニケーションへと駆り立てる。なんという腑に落ちる逆説！「誰もが感じていて、誰も言わなかったことを、誰にでもわかるように語る」著者の、教科書には絶対に出ていないコミュニケーション論。読んだ後、猫にもあいさつしたくなります。

ALS 不動の身体と息する機械●立岩真也●2800円●それでも生きたほうがよい、となぜ言えるのか――ALS当事者の語りを渉猟し、「生きろと言えない生命倫理」の浅薄さを徹底的に暴き出す。人工呼吸器と人がいれば生きることができると言う本。「質のわるい生」に代わるべきは「質のよい生」であって「美しい死」ではない、という当たり前のことに気づく本。

べてるの家の「当事者研究」●浦河べてるの家●2000円●研究？ ワクワクするなあ———べてるの家で「研究」がはじまった。心の中を見つめたり、反省したり……なんてやつじゃない。どうにもならない自分を、他人事のように考えてみる。仲間と一緒に笑いながら眺めてみる。やればやるほど元気になってくる、不思議な研究。合い言葉は「自分自身で、共に」。そして「無反省でいこう！」

ケアってなんだろう●小澤勲編著●2000円●「技術としてのやさしさ」を探る七人との対話———「ケアの境界」にいる専門家、作家、若手研究者らが、精神科医・小澤勲氏に「ケアってなんだ？」と迫り聴く。「ほんのいっときでも憩える椅子を差し出す」のがケアだと言い切れる人の《強さとやさしさ》はどこから来るのか———。感情労働が知的労働に変換されるスリリングな一瞬！

こんなとき私はどうしてきたか●中井久夫●2000円●「希望を失わない」とはどういうことか———はじめて患者さんと出会ったとき、暴力をふるわれそうになったとき、退院が近づいてきたとき、私はどんな言葉をかけ、どう振る舞ってきたか。当代きっての臨床家であり達意の文章家として知られる著者渾身の一冊。ここまで具体的で美しいアドバイスが、かつてあっただろうか。

発達障害当事者研究：ゆっくりていねいにつながりたい●綾屋紗月＋熊谷晋一郎●2000円●あふれる刺激、ほどける私———なぜ空腹がわからないのか、なぜ看板が話しかけてくるのか。外部からは「感覚過敏」「こだわりが強い」としか見えない発達障害の世界を、アスペルガー症候群当事者が、脳性まひの共著者と探る。「過剰」の苦しみは身体に来ることを発見した画期的研究！

ニーズ中心の福祉社会へ：当事者主権の次世代福祉戦略●上野千鶴子＋中西正司編●2200円●社会改革のためのデザイン！ ビジョン!! アクション!!!———「こうあってほしい」という構想力をもったとき、人はニーズを知り、当事者になる。「当事者ニーズ」をキーワードに、研究者とアクティビストたちが「ニーズ中心の福祉社会」への具体的シナリオを提示する。

コーダの世界：手話の文化と声の文化●澁谷智子● 2000円●生まれながらのバイリンガル？———コーダとは聞こえない親をもつ聞こえる子どもたち。「ろう文化」と「聴文化」のハイブリッドである彼らの日常は驚きに満ちている。親が振り向いてから泣く赤ちゃん？ じっと見つめすぎて誤解される若い女性？ 手話が「言語」であり「文化」であると心から納得できる刮目のコミュニケーション論。

技法以前：べてるの家のつくりかた●向谷地生良● 2000円●私は何をしてこなかったか———「幻覚&妄想大会」をはじめとする掟破りのイベントはどんな思考回路から生まれたのか？ べてるの家のような〝場〟をつくるには、専門家はどう振る舞えばよいのか？「当事者の時代」に専門家にできることを明らかにした、かつてない実践的「非」援助論。べてるの家スタッフ用「虎の巻」、大公開！

逝かない身体：ALS的日常を生きる●川口有美子● 2000円●即物的に、植物的に —— 言葉と動きを封じられたALS患者の意思は、身体から探るしかない。ロックトイン・シンドロームを経て亡くなった著者の母を支えたのは、「同情より人工呼吸器」「傾聴より身体の微調整」という究極の身体ケアだった。重力に抗して生き続けた母の「植物的な生」を身体ごと肯定した圧倒的記録。

第41回大宅壮一ノンフィクション賞受賞作

リハビリの夜●熊谷晋一郎● 2000円●痛いのは困る——現役の小児科医にして脳性まひ当事者である著者は、《他者》や《モノ》との身体接触をたよりに、「官能的」にみずからの運動をつくりあげてきた。少年期のリハビリキャンプにおける過酷で耽美な体験、初めて電動車いすに乗ったときの時間と空間が立ち上がるめくるめく感覚などを、全身全霊で語り尽くした驚愕の書。

第9回新潮ドキュメント賞受賞作

その後の不自由●上岡陽江＋大嶋栄子● 2000円●〝ちょっと寂しい〟がちょうどいい——トラウマティックな事件があった後も、専門家がやって来て去っていった後も、当事者たちの生は続く。しかし彼らはなぜ「日常」そのものにつまずいてしまうのか。なぜ援助者を振り回してしまうのか。そんな「不思議な人たち」の生態を、薬物依存の当事者が身を削って書き記した当事者研究の最前線！

第 2 回日本医学
ジャーナリスト協会賞
受賞作

驚きの介護民俗学●六車由実●2000 円●語りの森へ——気鋭の民俗学者は、あるとき大学をやめ、老人ホームで働きはじめる。そこで流しのバイオリン弾き、蚕の鑑別嬢、郵便局の電話交換手ら、「忘れられた日本人」たちの語りに身を委ねていると、やがて新しい世界が開けてきた……。「事実を聞く」という行為がなぜ人を力づけるのか。聞き書きの圧倒的な可能性を活写し、高齢者ケアを革新する。

ソローニュの森●田村尚子●2600 円●ケアの感触、曖昧な日常——思想家ガタリが終生関ったことで知られるラ・ボルド精神病院。一人の日本人女性の震える眼が掬い取ったのは、「フランスのべてるの家」ともいうべき、患者とスタッフの間を流れる緩やかな時間だった。ルポやドキュメンタリーとは一線を画した、ページをめくるたびに深呼吸ができる写真とエッセイ。B5 変型版。

弱いロボット●岡田美智男●2000 円●とりあえずの一歩を支えるために——挨拶をしたり、おしゃべりをしたり、散歩をしたり。そんな「なにげない行為」ができるロボットは作れるか？　この難題に著者は、ちょっと無責任で他力本願なロボットを提案する。日常生活動作を規定している「賭けと受け」の関係を明るみに出し、ケアをすることの意味を深いところで肯定してくれる異色作！

当事者研究の研究●石原孝二編●2000 円●で、当事者研究って何だ?——専門職・研究者の間でも一般名称として使われるようになってきた当事者研究。それは、客観性を装った「科学研究」とも違うし、切々たる「自分語り」とも違うし、勇ましい「運動」とも違う。本書は哲学や教育学、あるいは科学論と交差させながら、“自分の問題を他人事のように扱う”当事者研究の圧倒的な感染力の秘密を探る。

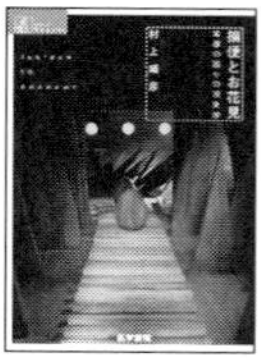

摘便とお花見：看護の語りの現象学●村上靖彦●2000 円●とるにたらない日常を、看護師はなぜ目に焼き付けようとするのか——看護という「人間の可能性の限界」を拡張する営みに吸い寄せられた気鋭の現象学者は、共感あふれるインタビューと冷徹な分析によって、その不思議な時間構造をあぶり出した。巻末には圧倒的なインタビュー論を付す。看護行為の言語化に資する驚愕の一冊。

坂口恭平躁鬱日記●坂口恭平●1800円●僕は治ることを諦めて、「坂口恭平」を操縦することにした。家族とともに。──マスコミを席巻するきらびやかな才能の奔出は、「躁」のなせる業でもある。「鬱」期には強固な自殺願望に苛まれ外出もおぼつかない。この病に悩まされてきた著者は、あるとき「治療から操縦へ」という方針に転換した。その成果やいかに！　涙と笑いと感動の当事者研究。

カウンセラーは何を見ているか●信田さよ子●2000円●傾聴？ ふっ。──「聞く力」はもちろん大切。しかしプロなら、あたかも素人のように好奇心を全開にして、相手を見る。そうでなければ〈強制〉と〈自己選択〉を両立させることはできない。若き日の精神科病院体験を経て、開業カウンセラーの第一人者になった著者が、「見て、聞いて、引き受けて、踏み込む」ノウハウを一挙公開！

クレイジー・イン・ジャパン：べてるの家のエスノグラフィ●中村かれん●2200円●日本の端の、世界の真ん中。──インドネシアで生まれ、オーストラリアで育ち、イェール大学で教える医療人類学者が、べてるの家に辿り着いた。7か月以上にも及ぶ住み込み。10年近くにわたって断続的に行われたフィールドワーク。べてるの「感動」と「変貌」を、かつてない文脈で発見した傑作エスノグラフィ。付録DVD「Bethel」は必見の名作！

漢方水先案内：医学の東へ●津田篤太郎●2000円●漢方ならなんとかなるんじゃないか?── 原因がはっきりせず成果もあがらない「ベタなぎ漂流」に追い込まれたらどうするか。病気に対抗する生体のパターンは決まっているならば、「生体をアシスト」という方法があるじゃないか！　万策尽きた最先端の臨床医がたどり着いたのは、キュアとケアの合流地点だった。それが漢方。

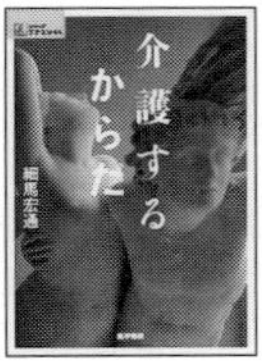

介護するからだ●細馬宏通●2000円●あの人はなぜ「できる」のか?── 目利きで知られる人間行動学者が、ベテランワーカーの神対応をビデオで分析してみると……、そこには言語以前に〝かしこい身体〟があった！　ケアの現場が、ありえないほど複雑な相互作用の場であることが分かる「驚き」と「発見」の書。マニュアルがなぜ現場で役に立たないのか、そしてどうすればうまく行くのかがよーく分かります。

第 16 回小林秀雄賞
受賞作
紀伊國屋じんぶん大賞
2018 受賞作

中動態の世界：意志と責任の考古学●國分功一郎●2000 円●「する」と「される」の外側へ――強制はないが自発的でもなく、自発的ではないが同意している。こうした事態はなぜ言葉にしにくいのか？ なぜそれが「曖昧」にしか感じられないのか？ 語る言葉がないからか？ それ以前に、私たちの思考を条件付けている「文法」の問題なのか？ ケア論にかつてないパースペクティヴを切り開く画期的論考！

どもる体●伊藤亜紗●2000 円●しゃべれるほうが、変。――話そうとすると最初の言葉を繰り返してしまう（＝連発という名のバグ）。それを避けようとすると言葉自体が出なくなる（＝難発という名のフリーズ）。吃音とは、言葉が肉体に拒否されている状態だ。しかし、なぜ歌っているときにはどもらないのか？ 徹底した観察とインタビューで吃音という「謎」に迫った、誰も見たことのない身体論！

異なり記念日●齋藤陽道●2000 円●手と目で「看る」とはどういうことか――「聞こえる家族」に生まれたろう者の僕と、「ろう家族」に生まれたろう者の妻。ふたりの間に、聞こえる子どもがやってきた。身体と文化を異にする 3 人は、言葉の前にまなざしを交わし、慰めの前に手触りを送る。見る、聞く、話す、触れることの〈歓び〉とともに。ケアが発生する現場からの感動的な実況報告。

在宅無限大：訪問看護師がみた生と死●村上靖彦●2000 円●「普通に死ぬ」を再発明する――病院によって大きく変えられた「死」は、いま再びその姿を変えている。先端医療が組み込まれた「家」という未曾有の環境のなかで、訪問看護師たちが地道に「再発明」したものなのだ。著者は並外れた知的肺活量で、訪問看護師の語りを生け捕りにし、看護が本来持っているポテンシャルを言語化する。

第 19 回大佛次郎論壇賞
受賞作
紀伊國屋じんぶん大賞
2020 受賞作

居るのはつらいよ：ケアとセラピーについての覚書●東畑開人●2000 円●「ただ居るだけ」vs.「それでいいのか」――京大出の心理学ハカセは悪戦苦闘の職探しの末、沖縄の精神科デイケア施設に職を得た。しかし勇躍飛び込んだそこは、あらゆる価値が反転する「ふしぎの国」だった。ケアとセラピーの価値について究極まで考え抜かれた、涙あり笑いあり出血（！）ありの大感動スペクタル学術書！

誤作動する脳●樋口直美● 2000 円●「時間という一本のロープにたくさんの写真がぶら下がっている。それをたぐり寄せて思い出をつかもうとしても、私にはそのロープがない」——ケアの拠り所となるのは、体験した世界を正確に表現したこうした言葉ではないだろうか。「レビー小体型認知症」と診断された女性が、幻視、幻臭、幻聴など五感の変調を抱えながら達成した圧倒的な当事者研究！

「脳コワさん」支援ガイド●鈴木大介●2000 円●脳がコワれたら、「困りごと」はみな同じ。——会話がうまくできない、雑踏が歩けない、突然キレる、すぐに疲れる……。病名や受傷経緯は違っていても結局みんな「脳の情報処理」で苦しんでいる。だから脳を「楽」にすることが日常を取り戻す第一歩だ。疾患を超えた「困りごと」に着目する当事者学が花開く、読んで納得の超実践的ガイド！

第 9 回日本医学ジャーナリスト協会賞受賞作

食べることと出すこと●頭木弘樹● 2000 円●食べて出せれば OK だ！（けど、それが難しい……。）——潰瘍性大腸炎という難病に襲われた著者は、食事と排泄という「当たり前」が当たり前でなくなった。IVH でも癒やせない顎や舌の飢餓感とは？　便の海に茫然と立っているときに、看護師から雑巾を手渡されたときの気分は？　切実さの狭間に漂う不思議なユーモアが、何が「ケア」なのかを教えてくれる。

やってくる●郡司ペギオ幸夫● 2000 円●「日常」というアメイジング！——私たちの「現実」は、外部からやってくるものによってギリギリ実現されている。だから日々の生活は、何かを為すためのスタート地点ではない。それこそが奇跡的な達成であり、体を張って実現すべきものなんだ！　ケアという「小さき行為」の奥底に眠る過激な思想を、素手で取り出してみせる圧倒的な知性。

みんな水の中●横道 誠● 2000 円●脳の多様性とはこのことか！——ASD（自閉スペクトラム症）と ADHD（注意欠如・多動症）と診断された大学教員は、彼を取り囲む世界の不思議を語りはじめた。何もかもがゆらめき、ぼんやりとしか聞こえない水の中で、〈地獄行きのタイムマシン〉に乗せられる。そんな彼を救ってくれたのは文学と芸術、そして仲間だった。赤裸々、かつちょっと乗り切れないユーモアの日々。